대종교와 대한민국임시정부

조완구

대종교와 대한민국임시정부 조완구

| 이민원 지음 |

글을 시작하며

우천 조완구(1881~1954)는 대한제국 관료였고, 일제강점기에는 독립운동가였다. 1914년 만주로 망명하여 한민족의 시조 단군을 받드는 대종교를 중심으로 활동했고, 3·1운동 이후에는 대한민국임시정부 요인으로 거의 반생을 한민족의 독립운동에 바쳤다. 광복 이후 김구와 함께 남북의 통일정부 구성을 위해 노력했으나, 6·25전쟁 당시 납북되어 1954년 말에 타계했다. 유해는 한동안 북한의 용성에 안장되었다가 현재는 납북 요인들과 함께 평양의 애국열사릉에 이장되었다. 조소앙趙素昻이 말한 것처럼 조완구 등은 '제 설자리'를 찾지 못한 비극의 애국인사였다.

조완구의 딸, 고 조규은 여사는 수십 년 동안 부친의 소식을 고대했으나 근 40년 만인 1990년에야 뒤늦게 부친의 정확한 타계소식을 들었다. 이후 부친의 유해나마 하루빨리 고향땅 산자락에 모시기를 열망했다.

그녀는 근 17년 동안 모아온 부친 관련 자료를 토대로 부친의 일대기를 쓰는데 힘을 모았다. 이미 그녀의 나이 80을 넘긴 때였다. 얼마 남지 않은 여생 중 부친에 관한 기록을 꼭 정리해 남겨야 한다는 절박한 심정에서 1993년 가까스로 책을 완성했다. 그녀가 책을 저술한 목적은 두 가지였다. 하나는 부친의 일대기를 수습하여 독립운동에 관한 후세 역사가들의 올바른 기록과 평가를 기대하고자 함이었고, 또 하나는 부친의 유해봉환을 정부에 촉구하기 위함이었다.

20세기가 저물어 갈 무렵 정부에서는 박은식朴殷植·신규식申奎植 등 상해의 만국공묘에 묻혀 있던 임시정부 요인의 유해를 국내로 봉환하여 안장했다. 그러나 납북된 상태에서 작고하여 북한에 계신 부친의 유해를 봉환할 수 없어 딸로서는 망망한 심정이었다. 내외의 관심을 환기시키고 유해봉환을 촉구하려는 생각이 너무나 간절했으나, 아쉽게도 그녀는 꿈을 이루지 못했다.

결국 후세 역사가들의 기록과 평가를 기대할 수밖에 없는 상황이 되었다. 그녀는 일찍이 부친에게 독립운동에 관한 전후 45년간의 기록을 남겨두어야 한다고 말씀드린 적이 있다고 한다. 그때가 백범 김구가 서거한 직후였으니 1949년이라고 추측된다. 그때 조완구는 이렇게 답했다.

"지금은 못 쓴다. 바른 기록이 나올 수 없다. 그렇다고 거짓기록을 남길 수는 없지 않느냐. 앞으로 50년 내지 100년 전후하야 바른 사가史家의 사필에 의해 올바른 기록이 나올 것이다."

그러나 1950년 6월 25일 김일성의 남침으로 동족상잔의 비극이 벌어지던 와중에 조완구는 조소앙·김규식金奎植·정인보鄭寅普 등과 함께 김일성의 '모시기작전'에 따라 북한으로 납치되었다. 부친을 잃은 후손들은 슬픔이 컸다. 게다가 피랍된 조완구를 월북한 것으로 오해하기도 하여, 후손들은 더 많은 상처를 입었다.

이제 반세기가 지났다. 자유민주주의 국가인 대한민국은 20세기 후반, 경제산업의 고속성장을 토대로 개인과 집단의 자유민주적 질서가 고도로 발전해 가는 나라가 되었다. 따라서 누구나 생각을 자유로이 말할 수 있는 이 나라에서는 객관적인 자료수집과 합리적인 판단, 거기에 사가의 정성과 정확한 서술 능력이 문제일 뿐이다.

필자는 대한민국임시정부의 역사나 조완구 개인의 인물에 대해 읽고 들은 것이 넉넉하지 않다. 그런데 한 독립운동가의 생애를 집필하겠다고 만용을 부렸다. 주위의 권고도 있었지만, 한국 근현대사의 귀중한 일부인 독립운동사의 맥을 들여다 보고자 하는 욕심에서였다. 크게 도움이 된 책과 글은 고 조규은 여사가 쓴 『고독한 승리』, 북한에서 망명한 인사 신경완의 증언인 『압록강변의 겨울』과 고 김준엽 선생의 『석린 민필호전』, 남파박찬익선생전기간행위원회에서 편찬한 『남파 박찬익전기』, 그 외 이상설李相卨·이승만李承晩·김구金九·안창호安昌浩·홍명희洪命熹·박은식·김규식·조소앙 등에 관한 글이었다.

한국 근현대사는 아픈 역사, 비극을 딛고 일어서 온 역사이다. 비극을 안고 살았던 독립운동가와 이제는 그 비극을 딛고 풍요로운 대한민국에서 자유를 누리며 살아가는 그들의 후손, 나아가 중국·미국·러시아·일본 등지에 살고 있는 독립운동가의 후손들을 생각하며 이 책을 썼다. 오늘 우리의 복된 삶은 자기 시대에 살면서 피땀 흘린 나의 조상과 부모는 물론, 일제강점기 독립운동가, 광복 이후의 민관군 모두의 작품이라고 생각한다. 이 책은 그들 모두에 대한 작은 감사의 표시이다. '단벌신사' 조완구 선생, 그의 아내 홍정식 여사, 평생 부친을 그리다 타계한 딸 조규은 여사의 영전에 이 책을 바친다. 다시는 이 땅에 그런 슬픔이 반복되지 않기를 단군할아버지·하느님·부처님 그리고 천지신명께 간절히 빈다.

2012년 2월

통일된 대한민국을 기원하면서

이 민 원

차례

01 서울의 북촌 양반가문에서 태어나다

서울 북촌에서 태어나다

대한민국의 수도 서울은 현재 인구 1천만 명이 넘는 거대 도시다. 멀리는 삼국시대 백제의 수도이자 500년 조선왕조의 터전이었고 가까이는 대한제국의 수도였으며 일제강점기에는 경성이라 불렸다. 현재는 일부 남아 있는 성곽과 궁궐·종묘 등을 제외하면 도심에서 전통시대의 흔적을 찾기란 결코 녹녹한 일이 아니다. 그 가운데 내외국인 관광객들이 즐겨 찾는 한옥 동네가 서울 여기저기에 남아 있다. 대표적인 곳이 바로 북촌이다.

북촌이라는 이름은 서울의 청계천과 종로의 윗동네인 북쪽에 있다하여 붙여졌다. 주로 경복궁과 창덕궁 주위에 있으니 종로구의 계동·재동·가회동·사간동·안국동·송현동·소격동 등지가 포함된다. 궁궐 가까이에 있는 곳이니 전통시대에는 유력한 양반들이 선호할 만한 곳이었다. 현재는 좁은 골목길 좌우로 '개량한옥'들이 즐비하다.

朝鮮策略
廣東黃遵憲私擬
地球之上有莫大之國焉曰俄羅斯其幅員之廣跨有三州陸軍精兵百餘萬海軍巨艦二百餘艘顧以立國在北天寒地瘠故狡然思啓其封疆以利社稷自先世彼得王以來新拓疆土旣踰十倍至於今王更有囊括四海并呑八荒之心其在中亞細亞回鶻諸部蠶食殆盡天下皆知其志之不少往往合縱而相距土耳其一國俄久欲呑之以英法合力維持俄卒不得逞其志方今泰西諸大若德若英若奧若意若法皆耽耽虎視斷不可尺寸之土以與人俄旣不能西略乃翻然變計欲肆其東封十餘年來得樺太洲於日本得黃龍江之東於中國又屯戍圖們江口據高屋建瓴之勢其經之營之不遺餘力者欲得志於亞細亞耳朝鮮一土實居亞細亞要衝爲形勝之必爭朝鮮危則中東之勢日亟俄欲略地必自朝鮮始矣嗟夫俄爲虎狼秦力征經營三百餘年其始在歐羅巴繼在中亞細亞至於今日更在東亞細亞而朝鮮適承其敝然則策朝鮮今日之急務莫急於防俄防俄之策如之何曰親中國結日本聯美國以圖自強而已何謂親中國東西北皆與俄連界者惟中國中國地大物博據亞洲形勝故天下以爲能制俄者莫中國若而中國所愛之國又莫朝鮮若朝鮮爲我藩屬已歷千年中國綏之以德懷之以恩未嘗有貪其土地人民之心此天下之所共信者也況我 大淸興於東土先定朝鮮而後代明二百餘年字小以德事大以禮當康熙乾隆屢勅無事不以上聞撫綏無異內地郡縣此非特文字同政教同情誼親睦而已

「조선책략」

조선 말기와 대한제국기에는 이곳에 풍양 조씨·안동 김씨·여흥 민씨·풍산 홍씨 후예 등이 적지 않았다. 안동 김씨와 풍산 홍씨는 정조·순조·철종대에, 풍양 조씨는 헌종·고종대에, 여흥 민씨는 숙종~영조대와 고종대에 정치적으로 득세했던 것과 무관하지 않다. 일제강점기에는 이 지역에서 독립운동가가 많이 배출되었다. 양반들이 살던 곳이니, 난세에 명문가의 사명을 다해야 한다는 의무감, 말하자면 '노블레스 오블리주'의 발현이었다.

우천 조완구趙琬九는 북촌의 계동에서 태어났다. 때는 1881년 봄, 음력 3월 20일이었다. 청이 영국 등 유럽 각국에 문호를 개방한 지 이미 40년이 지난 뒤였고, 조선이 강화도조약(1876)을 체결하여 일본에 개항한 지 5년 뒤였다. 조선은 수신사修信使(1876, 1880)와 신사유람단紳士遊覽團(일명 조사시찰단, 1881)을 일본에 파견하고, 영선사營繕司(1881)를 청에 파견하여 해외문물과 대외사정을 살펴보던 때였다. 그러나 관료들을 대부분 세계사정에 어두웠고, 지방민과 유생들은 일본과 서양을 오랑캐로 백안시하기까지 했다.

조완구가 태어난 그 해도 소동이 있었다. 수신사 김홍집金弘集이 일본을 방문하고 돌아와 조정에 『조선책략朝鮮策略』을 바쳤다. 요지는 러시아의 남하를 막기 위해 중국과 친하고 일본과 맺고 미국과 연결하라는 내용이었다. 서양과 조약을 체결한 적이 없던 때였으니 김홍집이 그 책을 들여온 것은 대단한 모험이고 용기 있는 행동이었다. 일본 주재 청 공사관 참찬관 황준헌黃遵憲이 지은 것으로 청의 입장을 고려하며 조선의 대외정책 방향을 논한 것이다. 조선 조정이 마땅히 살펴보아야 할 귀중한 도서였다. 그러나 김홍집은 '나라를 욕되게 하고 성인을 속이는' 역적으로 몰렸고 조정도 유생들의 빗발치는 상소에 골머리를 앓았다.

정체도 알 수 없는 러시아의 남하를 막기 위해 중국과 친밀해져야 한다는 것은 그렇다 쳐도, 왜적 일본과 결속하고, 서양 오랑캐 미국과 연합하자는 것은 이 무슨 망발인가. 요상한 책을 가져온 김홍집을 처형해야 한다는 것이 유생들의 주장이었다. 그러나 동양의 대국 청은 아편전쟁 이후 줄 곧 서양에 밀리고 있었고, 페리의 내항으로 혼쭐이 난 일본은 서양의 법과 제도를 배우느라 난리법석을 떨 때였다. 일본은 국제관계의 원리가 힘에 있음을 깨닫고, 공업화를 서두르는 한편, 대만臺灣을 침략하고, 유구琉球를 병합하며 청에 도전하고 있었다.

청도 일본의 다음 목표가 조선이라는 것 정도는 깨달았다. 러시아에 대한 방책도 급하지만 더 급한 것은 일본이었다. 청의 북양대신 이홍장李鴻章은 조선의 원로대신 이유원李裕元에게 밀함을 보내어 미국 등 서양 각국과 조약을 체결할 것을 권고하기에 이르렀다. 말하자면 이이제이식의 대책이었다. 서양 각국을 조선에 불러들여 러시아와 일본의 조선에 대한 침략을 동시에 견제하자는 의도였다. 황준헌의 『조선책략』은 그런 입장에서 주일공사 하여장何如璋의 주문으로 쓴 서적이었다. 이는 청의 생각이었고, 조선 조정의 입장에서 보면, 다른 의미가 있었다. 러시아·일본뿐만 아니라 청의 간섭에서도 벗어나고 싶었다. 특히 고종은 '영토에 욕심이 없는 크고 먼 나라' 미국과의 조약이 바람직하다고 생각하고 있었다.

노대국 청의 관료들은 조선의 장래까지 우려하는 상황이었지만, 조선의 유생들에게는 효력이 없었다. 조선의 대부분 유생들은 밖의 흐름을 전혀 알지 못했다. 영남에서는 『조선책략』에 반대하여 집단상소(만인소萬人疏)가 올라오고, 충청도에서는 홍시중洪時中, 전라도에서는 고정주高鼎柱, 강원도에서는 홍재학洪在學 등이 상소를 올렸다. 불구대천의 원수 일본에 개항한 것을 통박하고, 『만국공법』·『조선책략』 등의 서적과 외국상품을 색출하여 불태워야 한다고도 했다. 이들의 상소 중 가장 당돌했던 것은 홍재학의 상소였다. 김홍집의 처형은 물론 국왕의 정책까지 통박했다. 결국 그는 심문을 받으면서도 뜻을 굽히지 않아 처형되고 말았다.

아까운 인재들이 시대의 흐름을 잘못 짚어 발생한 비극이다. 그들은 도덕군자형 지식인들이었다. 실무형 관료도, 사무라이식의 저돌형 침략자도, 기업가형 개척자도 아니었다. 바로 이런 유형의 식자들이 대부분이었던 시대에 북촌의 한 양반가에서 조완구가 태어났다.

광무황제 고종과 풍양 조씨 가문의 형제들

조완구의 본관은 풍양豊壤, 자는 중담仲淡, 호는 우천藕泉이다. 그의 가문은 헌종 때 왕실의 외척이었고, 고종대에 와서도 왕실계보상 고종의 모친이 된 조대비의 가문으로 고관대작이 많이 배출되었다. 고종대 인물로 조성하·조영하 형제를 비롯하여 조병세·조병식·조병갑·조정구 등이 널리 알려져 있다. 여느 양반가와 마찬가지로 추앙을 받는 이로부터 논란을 부르는 이까지 두루 있었다.

조완구의 부친은 이조참판 동필東弼(1845~1894), 조부는 이조판서 봉하鳳夏(1817~1891)이다. 증조부는 병현秉鉉(1791~1849)으로 만영萬永·인영寅永·병구秉龜 등과 함께 풍양 조씨의 중심인물로 병조·이조·예조·형조·호조 판서와 대사헌·대제학 등을 역임했다. 고조부는 정조 13년(1789) 정시문과에 장원급제하여 병조·이조·예조·형조 판서와 우참찬·대사헌 등을 역임한 득영得永(1762~1824)이었다. 그야말로 명문대가의 쟁쟁한 인물들이다.

조완구는 3남 중 2남으로 태어났다. 첫째가 영구寧九, 셋째가 종구宗九이다. 그러나 동학농민운동과 청일전쟁, 명성황후시해와 아관파천이 이어지던 그 무렵 맏형 영구가 역병에 걸리더니 부친과 함께 이틀 사이로 세상을 떠났다. 명문대갓집이 나라가 혼란스러운 와중에 발생한 역병으로 하루아침에 날벼락을 맞은 셈이었다. 결국 조완구는 십대의 나이에 가장이 되었다. 하늘이 무너지는 듯 암담했다.

이회영

동시대에 주목할만한 인물로는 20여 세 손위인 사촌형 조정구趙鼎九(1860~1926)가 있다. 그는 대원군의 사위로, 남승南升(1882~1933) · 남익南益(1885~1924) · 남복南復(1887~?) · 남진南晋(1889~1904) 등 4형제와 두 딸을 두었다. 그중 첫째 딸 계진季珍은 우당 이회영李會榮(1867~1932)의 아들 이규학李圭鶴에게 시집을 갔다. 이회영 가문은 소론, 조정구의 가문은 노론이었다. 흔히 당색이 다르면 따로 어울리게 마련인데, 두 가문이 사돈을 맺은 것이 특이하다. 가문의 장벽을 넘어 사돈 관계로 이어 준 인물이 바로 다름 아닌 조완구였다. 그의 말이 걸작이다.

"나라가 망했는데 당색 같은 것 따져 무엇하우. 이것저것 가리지 말고 나라 되찾는 일에 힘을 합칩시다."

두 가문의 인물들은 독립운동을 하면서 광무황제와 해외독립운동세력 사이를 이어 주는 역할도 했다. 황실과의 인연을 잘 이용할 수 있었기 때문이다. 조정구는 고종의 매부妹夫로 궁중 출입이 비교적 용이했다. 그의 아들 남승·남익·남복 등은 고종의 생질로 대한제국 당시 주전원主殿院 · 시종원侍從院 · 비서원秘書院 등에 근무했다. 이들 형제는 이른

바 '을사늑약' 당시 현장을 가까이에서 목도했고, 헤이그특사 파견 당시에는 내시 이교영 등을 통해 밀지를 전하는 등 궁중 내외를 은밀히 연결해 주기도 했다.

2009년 4월 서울의 국립고궁박물관에서 해외교포로부터 입수한 광무황제의 어새御璽가 전시된 적이 있다. 그 어새가 찍힌 영문문서도 헐버트 박사 기념사업회에서 발견되었다. 골자는 퇴위한 한국의 황제(광무황제)가 미국으로 공부하러 가는 조카(조남복)를 잘 돌봐 달라고 헐버트 박사에게 부탁하는 내용이었다. 앞면은 영문으로 기록되어 있고, 뒷면은 한문으로 같은 내용이 쓰여 있다. 날짜는 1909년 1월 1일로 되어 있다.

조남복은 고종 때 시강원 시종관을 지냈다. 헐버트가 헤이그특사의 사명을 띠고 활약한 사실, 조정구와 그의 아들들이 궁중 내외를 연결하는 위치에 있던 사실로 미루어 보아 어새가 찍힌 이 서한은 단순한 부탁으로 보이지 않는다. 한 젊은이를 돌보아 주기 위해 통감부 측 모르게 비밀리 소장해 둔 황제의 어새를 찍은 서한을 미국인 헐버트에게 보냈다는 것 자체가 심상히 볼 일은 아니지만, 자세한 내막은 알 수가 없다. 분명한 것은 수년 뒤 조정구·이상설·이회영이 은밀히 고종의 망명을 꾀한 점이다. 그러나 고종의 돌연한 죽음으로 좌절된 것으로 알려져 있다. 정확한 내막은 현재로서는 알 수 없으나, 고종의 독살설과 이상설·이회영·조정구 등의 '광무황제 망명기도설'은 분리하여 생각하기 어려운 점이 있다(우당 이회영의 손자인 이종찬 전 국정원장과 조정구의 증손인 조성두 선생이 광무황제의 해외망명기도설에 관해 어릴 적에 집안에서 들은 적이 있다고 필자에게 전한 바 있다).

조정구와 이회영 가문은 이처럼 긴밀한 관계였고, 아우인 이시영과 이상설의 집(현재의 명동 성모병원 부근)은 서로 이웃해 있었다. 또 이회영·이시영 형제는 이상설·이범세·여조현·서만순 등과 젊은 시절부터 교유하며 외국의 서적을 구입하여 읽고 학문과 시세를 논하던 절친한 벗이었다. 때로는 서울 성북구 돈암동의 신흥사新興寺 등지에서 합숙하며 한문·수학·영어·법학 등 신학문을 공부하기도 했다. 이상설은 이들의 지도자격이었다. 그는 전통 학문에만 깊은 것이 아니라 신학문에도 밝았다. 스스로 영어와 러시아어를 익혔고, 국제법과 수학에도 밝았다. 이상설과 그 아우 이상익李相翊이 중등 수준의 대수代數와 산술算術 책을 썼을 정도이다. 이상설이 타계하기 전까지 이회영·이시영 등은 서로 막역한 사이였고, 이회영의 귀국과 광무황제 망명기도도 이상설의 주문에 따른 것이라는 설이 있다.

한편 조완구는 해외망명 후 이상설·이회영·이시영 등을 따르며 활동을 같이했다. 모두 10년 이상의 선배들이었다. 후일 조완구는 이상설의 임종을 지켰고, 그의 전기인 『이상설전』을 썼다. 이상의 인물들이 국내와 만주·북경·상해·블라디보스토크를 오가며 활동한 이면에는 국내에서의 인연·가문·교유 등이 중요한 고리로 작용했다. 이들의 모임과 활동의 핵심에는 늘 국권회복에 관한 고민이 있었다. 나아가 적어도 1919년까지 이들의 활동과 독립운동의 중심에는 늘 광무황제란 존재가 상징적으로 자리하고 있었음을 유념할 필요가 있다.

풍산 홍정식과 결혼

흔히 독립운동가들은 홀로 독립운동을 한 것처럼 인식되기 쉽다. 그러나 대부분 가정이 있고, 아내·아들·딸이 있었다. 그리고 부모님도 생존해 계셨다. 신이 아닌 이상 일상의 고뇌를 외면할 수 없는 존재임에 틀림없다. 독립운동을 하면서도 늘 가족의 생계문제에 직면했다.

가족을 뒤로하고 수십 년간 독립운동을 할 수 있었다면 자연히 아내의 헌신과 가족의 희생이 따르게 마련이다. 조완구의 경우도 30여 년에 걸친 독립운동 기간 동안 아내와 가족의 희생이 따랐다. 하루도 아니고 수십 년간 가장의 소식도 모른 채 지내야 하는 아내의 고통은 말과 글로 표현하기 어렵다. 조완구의 아내는 어떻게 고통을 감내하며 남편을 이해해 주었을까? 남편에 대한 신뢰도 있었겠지만 아내에게도 사연이 있었다.

조완구가 아내 홍정식洪貞植(1881~1945)과 결혼한 것은 15세 때인 1895년이다. 홍정식은 1910년 자결하여 순국한 금산군수 홍범식洪範植(1871~1910)의 여동생이었다. 홍정식의 부친은 홍승목이고, 할아버지는 이조판서를 지낸 효문공孝文公 우길祐吉(1809~1890)이다. 부친 홍승목洪承穆(1847~1925)은 예조·형조·병조 참판을 지냈고, 1900년대에 궁내부 특진관·장례원 소경 등을 지냈다. 신기선과 함께 대동학회大東學會·제국실업회帝國實業會를 이끌기도 했다. 일제강점기에는 총독부의 중추원 찬의였다. 조완구의 아내 홍정식은 소설 『임꺽정林巨正』의 저자 홍명희(1888~1968)의 고모이기도 하다. 홍명희는 어려서 7살 위의 고모 홍정식을 삼촌처럼 여기며 잘 따르고 허물없이 지냈다고 전한다.

아내의 가문은 노론 명문가였다. 직계는 아니지만, 정조의 어머니 혜경궁 홍씨, 정조의 외할아버지 홍봉한과 같은 가문이다. 풍양 조씨 가문과 풍산 홍씨 가문이 어떻게 혼맥을 구성했는지는 자세히 알려져 있지 않지만, 모두 왕실의 외척 가문으로 또한 노론의 명문가로 각기 세력을 유지한 가운데 자연스레 혼맥을 형성해 갔으리라 여겨진다. 조완구와 홍정식은 3살 때 부모가 정해 둔 배필이었다. 부친 조동필과 장인 홍승목 사이에 일찍이 사돈을 맺기로 언약되었던 것이다. 조선시대에 양반 명문가끼리 통혼했던 것을 생각해 보면, 두 가문의 관계도 그런 맥락에서 생각해 볼 수 있다.

홍범식

처남 홍범식·처조카 홍명희

여기서 생각되는 것은 조완구와 처남 홍범식, 처조카 홍명희의 관계이다. 처남 홍범식은 전통시대의 인물로 군주와 나라에 충성을 다한 지사형의 인물이다. 반면 그의 아들 홍명희는 전통시대와는 가치관을 달리한 인물이다. 그는 일본에 유학했고, 국내로 돌아와 신문에 소설 『임꺽정』을 연재하면서 신간회新幹會 핵심인사로 활동한 민족사회운동가이다.

조완구는 구학문의 토대 위에서 관료를 지낸 점에서 처남 홍범식과

林巨正傳 (1)
碧初 洪命憙 作
夕影 安碩柱 畫

홍명희의 『임꺽정』

유사한 점이 있다. 그러나 신학문도 접했고 해외에서 항일운동을 하면서 대한민국임시정부 요인이기도 했던 점에서 시대와 활동은 처조카 홍명희와 오히려 근사한 면이 있다. 홍명희는 조완구의 아내를 고모라기보다는 몇 살 위의 삼촌쯤으로 여겼을 정도로 어려서부터 잘 따르고 친근하게 지냈다. 자연히 고모부인 조완구와도 부담 없이 가까운 사이였을 것으로 추측되기도 한다.

조완구가 만주에서 독립운동을 할 때나 그 이전에 국내에서 활동할 당시에는 홍명희와 관계가 그리 깊어 보이지는 않는다. 약 7살의 나이 차가 있고, 아직은 홍명희가 어린 나이였기 때문이다. 다만 홍명희가 성장해 가면서 조완구는 대한민국임시정부를 통해 우파 민족주의 중심의 독립운동을 펼쳤고, 홍명희는 국내에서 저술활동·언론운동·신간회 등을 통해 좌우합작에 참여한 점에서 어느 정도 양자의 성향을 유추해 볼 수 있다.

조완구는 한학을 배경으로 대한제국 관료를 지냈고, 유학의 부흥을 통해 국가 위기를 극복하고자 대동교에 관여했다. 이후 민족의 시조 단군을 구심점으로 국권회복을 도모한 인물이다. 그는 대한민국임시정부의 의정원에서 황실의 우대를 주장하기도 했다. 임시정부 내의 젊은 층으로부터 시대착오적이라는 비판을 받기도 했지만, 오늘날 와서 돌이켜 보면 당시 임시정부의 젊은이들이 미처 헤아리지 못한 점을 생각한 것이라 할 수 있다.

홍명희

조완구의 생각은 공산권 지식인들의 전통 왕조에 대한 자세와 크게 달랐다. 가령 레닌은 러시아의 마지막 황실 일가를 반동으로 몰아 처형하고 로마노프 왕조와 단절을 꾀했다. 그러나 20세기 말에 접어들면서 러시아 정부는 황실의 상징성을 뒤늦게 복원시키고자 노력했다. 그들은 마지막 '황실 가족의 유골'을 로마노프 왕조 역대 군주가 안장되어 있는 황실 묘역(성당)에 안치했다. 모택동도 청의 마지막 황제 부의溥儀를 투옥하여 감화교육을 시키는 등 그를 박대했다. 그러나 부의 사후 한참 지난 20세기 말 중국에서는 그를 복권하여 청나라 역대 황릉묘역에 안장했다. 혁명의 한 세기를 지나면서 왕조시대의 주권자 황제에 대한 예의의 표현과 함께 과거와 단절된 역사를 이어가자는 포용의 의미가 담겨 있다.

조완구가 황실 우대를 거론한 것은 단순히 황실에 대한 예우 때문만은 아니었다. 그는 『증보문헌비고』 편찬에 참여하면서 '5천 년의 유구한 역사와 전통'을 누구보다도 잘 느껴 보았다. 그런 역사와 전통을 감안할 때 미래 복국을 염두에 둔다면 전통과 현재를 단절할 필요는 없다는 입장이 아니었나 생각된다. 그가 단군을 숭앙하여 모시는 대종교에 충실하게 종사한 것도 같은 맥락에서 이해된다. 항일운동의 구심점으로 황실의 참여를 이끌어 내는 것은 황실의 존엄을 인정하는 많은 민족구성원의 지지를 이끌어 낸다는 장점도 있었다.

반면 홍명희는 혁명을 선호한 혈기방장한 재사였다. 그는 전통시대의 한학을 수학하다가 일본에 유학하여 다이세이중학大成中學을 졸업했다. 그는 국권상실 직후 귀국하여 오산학교五山學校·휘문학교徽文學校 등에서 교편을 잡았다. 1920년대 초반에는『동아일보』편집국장을 지냈고, 1920년대 말에 좌우합작을 위해 신간회운동에 앞장섰다.

조완구가 구학문의 토대에 사상의 뿌리를 두고 있다면, 홍명희는 일본에서 신학문의 세례를 넉넉하게 받은 인물이다. 아쉬운 점은 홍명희가 유럽이나 미국에 직접 유학을 하지 못하고 일본에서 나쓰메 소세키夏目漱石 등의 작품을 통해 일본 문학을, 무정부주의자 크로포트킨P.A.Kropotkin의 작품 등을 통해 러시아의 사상과 문학을 주로 접했다는 점이다. 홍명희 자신도 '침통하고 사색적인' 러시아문학이 자기 기질에 맞는다고 했다.

그래서 홍명희는 전통의 맥을 중시하며 우파 입장을 유지한 조완구와 사상적 유대가 깊지는 않아 보인다. 그러나 혼맥을 통한 가문의 인연, 홍범식이 자결하면서 자녀들에게 남긴 유언, 일제하에 좌우통합을 시도했던 홍명희와 광복 후 남북의 통합을 모색한 조완구의 노선이 민족이라는 공통분모 위에 양자를 이어 주는 통로가 아니었나 생각된다.

홍범식은 '국파군망國破君亡 불사하위不死何爲'라 쓰고 다음과 같은 요지가 담긴 10통의 유서를 조모와 부친, 처, 자녀와 며느리, 장손에게 남겼다.

> 죽을지언정 친일을 하지 말고 먼 훗날에도 나를 욕되게 하지 말라.

이 유언은 아들 홍명희와 처남 조완구가 독립운동 혹은 민족운동의 과정에서 평생 동안 되새긴 심리적인 장치가 되었을 것으로 짐작된다.

여기서 한 가지 궁금한 점이 있다. 광복 직후 김구가 남북협상을 추진할 당시 조완구도 이를 적극 주장했다. 혹 그것이 월북하여 부수상으로 활동하던 홍명희와 어떤 연관 관계가 있는 것인지 하는 점이다. 그러나 조완구 등 대한민국임시정부 관련 주요 인사들이 6·25전쟁 직후 납북되어 북한에서 고초를 겪었던 저간의 내막을 살펴볼 때, 양자의 개인 혹은 가문에 따른 유대관계의 면모를 살펴볼 정도는 아닌 것 같다. 아마도 홍명희의 내면을 진솔하게 기록한 회고록 정도가 있다면 모르겠으나, 현재로서 그 이상의 설명은 기대하기 어려워 보인다.

02 관직생활과 주요 활동

조완구의 학문과 법학 수련

조완구의 성장과정과 학문에 대해서는 잘 알려져 있지 않다. 고 조규은 여사에 따르면 어려서 한학을 배웠으며, 1899년 내무부 참봉이 되었고, 1900년 '한성법학전수학교(현 서울법대 전신)'에 입학, 1902년 동교를 마치면서 내부주사(6품 승훈랑)에 임명되었다고 한다.

당시의 사회적 환경이나 가문 배경으로 보아 조완구가 한학을 익혔을 것임은 틀림없다. 그러나 누구에게 배웠고 동문수학한 이들이 누구인지 등은 자세히 알려진 바가 없다. 다만 그가 참봉과 내부주사에 임명된 일 등은 실록의 기사에서 두루 확인이 가능하다. 하지만 그가 다녔다고 알려진 '한성법학전수학교'는 당시에 존재하지 않는 이름이다. 갑오개혁 당시 설립된 법관양성소의 착오가 아닐까 생각된다. 법관양성소는 한국 최초의 근대식 법률교육기관으로 법부대신 서광범의 상주로 1895년 3월 법부 소속의 평리원에 설립되었다. 목적은 형사소송과 민사소송을 강의하여 속성으로 실무훈련을 시키는 데 있었다.

1909년 대한제국의 사법권이 통감부 측에 박탈될 때 법부에서 학부로 이관되면서 법학교法學校로 개칭되었다가, 국권상실 직후인 1911년 경성전수학교로 개편되었다. 1922년에는 경성법학전문학교로 개칭되었고, 수업연한은 3년이었다. 이후 광복 직전에 경성고등상업학교와 병합하여 경제전문학교로 개편되었다. 광복 후에는 경성제대 법문학부와 함께 해체되면서 서울대 법과대학으로 흡수되었다.

이처럼 법관양성소 이후 법학교(1909), 경성전수학교(1910), 경성법학전문학교(1922), 경제전문학교(1944), 서울대학교 법과대학(해방 이후) 등으로 변천을 겪었고, 그 과정에서 지속과 단절을 겪었다. 아마도 이상과 같은 변화로 인해 '한성법학전수학교'라는 이름이 세간에 등장하게 된 것이 아닐까 생각된다.

한편 국사편찬위원회 사이트의 '근현대인물자료'에도 『조선연감』(1947, 1948)을 근거로 조완구를 '법학전수학교' 졸업이라고 기록하고 있다. 그것은 앞서와 같이 변천하는 과정에서 여러 유사한 명칭이 등장하면서 후대에 나타난 혼란으로 추정된다. 다만 『조선연감』 기록에 다소 오류가 있었다 해도 아직은 판단을 보류해 둘 수밖에 없다.

분명한 것은 조완구는 어떤 경로를 거쳤든 법학을 공부한 적이 있고, 법학에 관한 상당한 정도의 소양과 지식이 있었음이 틀림없다. 조완구는 『대한협회회보』 제1호에서 「민법총론民法總論」을 논하면서 법률과 민법, 법과 국가 및 개인의 관계를 소개한 적이 있다.

우리나라에는 민법이라는 법전이 아직 편찬된 것이 없으니 일본의 법전은 태서泰西의 각국 법을 종합하여 편성한 것이라. 대개 민법의 명칭은 그 기원이 로마시민법에서 시작하여 프랑스가 이은 것이니, 소위 시민법은 로마 내국인에 관한 법률이라. 국가의 질서를 유지하고 각인의 공동생활을 안전케 하는 필요조건으로 일정한 준칙을 정하여 각자 준수케 하느니 이 준칙이 곧 국가의 법률이 되는 것이오. 고로 법률은 각인으로 하여금 강제적으로 실행하는 준칙이니 이 준칙은 통치의 권력을 가진 자, 즉 국가의 주권자가 제정하여 강제적으로 각인에 대하여 실행하는 것이다.

아울러 『대한협회회보』 제2호에서는 민법의 연혁 및 공법·사법의 관계를 소개하면서 로마의 법전, 영국의 대헌장, 독일의 민법, 로마의 유스티니아누스법전, 일본의 신민법 등을 소개했다.

법률에는 2종이 있으니 개인이 국가의 신민臣民으로서 행할 행위를 규정한 법률을 공법公法이라 하고 인민 상호의 관계에서 행할 행위를 규정한 법률을 사법私法이라 한다. 민법은 인민상호 간의 관계를 규정한 것이니 곧 사법이다. 로마의 12동판법十二銅板法은 불문법 남용으로 권리 침해를 당한 평민을 구하고자 제정한 것이오, 영국의 대헌장은 인민의 권리를 보장하여 내란을 진정하기 위해 제정한 것이다. 독일 민법은 각 연방이 고유한 민법을 채용하여 국가적 단결에 방해되므로 국가를 통일할 방편으로 제정한 것이오, 로마 유스티니아누스법전은 오래 누적된 법제를 정돈하고자 편찬한 것이다. 일본의 신민법은 법령을 통일하고 대외조약을 개정하여 국가 체면을 완전케 할 목적으로 편찬한 것이다.

『대한협회회보』는 1908년 4월부터 1909년 3월까지 근 1년간 발간된 잡지이다. 편집 겸 발행인은 제국신문사 사장이자 후일 독립선언문을 인쇄한 보성사의 사장 이종일李鍾一, 발행소장은 홍필주洪弼周였다. 국한문을 혼용했으며, 실린 내용은 논설·교육·실업·정치·법률·문예 등 매우 다양했다.

『대한협회회보』에는 논설부·교육부·실업부·정치부·법률부·지지地誌·역사와 본회 역사·내지휘보內地彙報·외국정황·관보초록官報抄錄·문예·회원명부·광고 등과 대한협회 회원의 강연내용으로 구성되었다. 외견상 정치·경제·교육 등이 균형을 이루었지만, 대한협회 지도부의 정치적 입장을 선전하는 글들이 상당수 게재되었다. 주요 필진은 조완구를 비롯한 신채호·심의성沈宜性·김영준金明濬·남궁헤南宮穗·권동진權東鎭·장지연·정교鄭喬·남궁억南宮檍·원영의元泳義·오세창吳世昌·이종호李鍾浩·김광제金光濟·윤효정尹孝定·여병현呂炳鉉·홍필주·이우영李宇榮·석진형石鎭衡·이종일·안국선安國善·설태희薛泰熙·이종린李鍾麟·김가진金嘉鎭·계봉우桂奉瑀 등이었다. 양계초梁啓超의 글도 번역하여 소개했다. 또한 당시 현실과 관련하여 국가론·정치론에서 다양한 이론이 구사되었다. 외국 이론을 필자 자신의 정치·경제적 논리와 적극적으로 결합시켜 발표하는 경우가 많았다. 특히 김성희金成喜의 국가론·정치론·정당론·경제론 등을 유기적으로 결합시켜 정치운동의 논리를 총체적으로 체계화시킨 논문들이 주목된다.

조완구는 대한협회가 해산되면서 1909년 3월 25일까지 통권 12호로 마감된 『대한협회회보』 제12호에 국민에 대한 연설로서 「여론輿論을 무시한無視尢 결과」를 게재했다.

이상에서 보듯이 『대한협회회보』에 글을 게재한 이들은 신규식·신채호申采浩·장지연張志淵 등 당대의 쟁쟁한 식자들이다. 글의 논조나 게재한 인물의 면면으로 보나 『대한협회회보』는 당대 최고의 식자들이 간행하고 운영한 잡지였다. 말하자면 당시 한국의 현실을 깊이 들여다 볼 수 있는 계몽적 성격의 권위 있는 잡지였다. 그럼에도 불구하고 여기에 글을 실은 조완구가 어떠한 통로와 교유 혹은 교육과정을 통해 체계적인 근대의 법학지식을 갖추게 되었는지 분명하지 않으니, 여전히 아쉬운 점으로 남을 수밖에 없다.

분명한 것은 조완구가 후일 대한민국임시정부에서 내무부장과 재무부장 등의 주요 직임과 의정원 의원직 등을 수행할 때 그의 법률지식이 매우 중요한 뒷받침이 되었다는 점이다. 조완구가 어떤 법학교육을 받았느냐보다는 당시의 국내 법학 수준으로서는 남달리 넉넉한 지식을 갖춘 근대의 주요 인사이자 임시정부의 주요 인사였다는 점이 더 중요하다.

조완구의 관직 경력과 주요 인연

조완구가 관직에 들어선 것은 약관에 접어들 무렵이다. 그러나 기울어가는 나라에서 관직을 수행할 기회는 많지 않았다. 『고종실록』에 따르면 1899년 12월 효릉참봉孝陵參奉에 임명되었으나 곧 사직했고, 1902년 8월 내부주사 첩지를 받았다. 이어 그해 10월 산릉도감山陵都監 감조관監造官에 임명되었으나 신병을 이유로 곧 사직했다.

효릉은 경기도 고양시에 있는 조선의 인종과 그 비 인성왕후仁聖王后의 능으로 서삼릉의 하나이다. 효릉참봉은 1인으로 종9품직이다. 아마도 왕실의 외척 가문 청년으로 19세의 나이에 첫 번째 관직을 받은 것으로 보인다. 내부주사는 종7품직으로 10인이 배치되어 지방국·토목국·판적국·위생국·회계국의 일을 보았다. 변화가 많은 시대에 국가의 조직과 행정의 실무를 경험할 수 있는 중요한 자리였다. 산릉도감은 국상 때 왕의 옥체를 모시던 빈전도감, 국장의 진행을 담당하던 국장도감과 함께 '3도감'으로 일컬어지기도 한다. 그러니까 산릉도감의 감조관은 왕릉 조성에 관한 업무를 담당하던 한시적인 자리이다.

이렇게 볼 때 조완구는 황실과 인연이 있는 가문 출신으로 능참봉이나 산릉도감의 감조관에 임명된 것으로 보인다. 그러나 무슨 이유인지 거듭 사직했다. 그가 국정의 실무를 접할 수 있었던 주요 직임은 내부주사였고, 1905년 이후 관직을 떠났다고 한 것으로 미루어 주사직을 역임한 기간은 3년 정도이다. 이 기간에 민영환과 같은 인물을 상관으로 접할 기회가 있었고, 이상설·나인영羅寅永 같은 인물도 공적으로 또는 사적으로 접할 수 있었다.

『증보문헌비고』 편찬에 참여하다

조완구의 경력에서 주목할 만한 것이 또 하나 있다. 대한제국기에 간행한 『증보문헌비고』 편찬에 참여한 일이 그것이다.

『증보문헌비고』는 영조 때 홍봉한 등이 1770년 왕명을 받아 완성한 『동국문헌비고』, 1782년 이만운이 정조의 명을 받아 편성한 『증보동국문헌비고』를 토대로 광무황제 당시에 30여 명의 문사가 참여하여 그동안의 변천내용을 추가하고 오류를 보완하여 편찬했다.

『문헌비고』 증보작업은 1903년 법무국장 김석규金錫圭의 건의로 시작되었다. 당상·낭청 각 10명이 1790년 이후 변경된 내용을 추출하여 1907년 12월 『증보문헌비고』 250권을 편찬하여 다음해 50책으로 인쇄했다. 이때 체제를 대폭 변경, 「왕계고」는 「제계고帝系考」로, 「조빙고」는 「교빙고交聘考」로 고쳐 황제국 제도에 부응하도록 했다. 오늘날 기준으로 비유한다면 '5천 년 한국'의 전통문화와 각종 제도·의례·법제 등을 살펴볼 수 있는 일종의 '한국전통문화대백과사전'이라 할 수 있다. 자연히 이 사업에 종사한 인사들은 전통시대의 역사문화·의례제도 등에 밝았다.

여기에는 찬집纂輯·교정校正·감인監印·인쇄印刷 등이 있었다. 조완구는 종6품 승훈랑으로 이중하·김교헌·이범세·김택영·윤희구·장지연 등과 함께 찬집으로 참여했고, 이중하·홍승목 등과 함께 교정으로도 참여했다. 이중하는 1885년 국경문제를 둘러싼 중국과의 담판에서 공을 세운 인물이다. 김택영·이범세·김교헌·윤희구 등은 중국 지역에서 독립운동과 단군신앙(대종교) 등에 관계한 인사로, 그중에서 윤희구·이범세는 조완구와 절친한 벗이었고, 김교헌 역시 조완구와 가까웠다. 아울러 조정구는 대원군의 사위로 황실 및 광무황제와 긴밀히 연락을 주고받던 인물로 조완구와는 20년 정도의 나이 차가 있는 사촌형이기도 하다.

조완구는 『증보문헌비고』 편찬과정에서 장인과 사촌형 그리고 이후 만주에서 대종교 활동 등을 함께한 선후배 인사들과 많은 교유를 했을 것이다. 그 과정에서 기울어가는 나라의 운명을 감지하면서도, 전래의 역사와 전통에 대한 이해와 애정을 통해, 자연히 국권회복에 대한 뜻을 다지는 계기가 되지 않았을까 추정된다.

이상을 놓고 볼 때 조완구는 전통적 유자들의 인식수준과는 다른 차원에서 서양의 법과 제도 등에 대해 소양을 쌓았음에 틀림없다. 그가 『증보문헌비고』 편찬에 참여할 당시 한국의 전통법과 제도에 깊이 관심을 가지게 되었고, 그런 관심은 자연히 그로 하여금 일본이나 중국을 통해 입수된 서양의 근대법과 제도 등에 유념하게 했을 것으로 분석된다.

대한협회·기호흥학회와 조완구

대한제국이 국권을 상실하기 직전까지 조완구는 대한협회와 기호흥학회 등에서 활동했다. 1909년 2월 27일 조완구는 종로에 있던 기독교청년회관에서 2,000명이 운집한 가운데 열린 연합연설회에서 「여론을 무시한 결과」라는 제목으로 송병준宋秉畯을 신랄하게 비판했다. 이는 1909년 1월 융희황제의 서북지방의 순행巡行 중에 내부대신 송병준이 만취하여 시종무관 어담魚潭을 폭행하고 황제 앞에서 칼을 뽑는 등 만행을 부린 이른바 '서순사건西巡事件'을 문제 삼아 송병준의 처벌을 주장하여 그를 퇴진시키려는 의도에서 비롯되었다. 다음달 그는 기호흥학회의 평의원으로 임명되었다.

잘 알려진 바와 같이 대한협회大韓協會는 1907~1910년 사이에 존재했던 계몽단체이다. 통감부가 대한자강회大韓自强會를 해산한 뒤 1907년 11월 10일 윤효정·장지연 등 이전의 대한자강회 간부들과 천도교의 대표 권동진權東鎭·오세창吳世昌 등 10명이 단체를 조직했다. 사무소는 서울 탑동塔洞에 위치하고, 회원은 약 7,000명이었다. 전국에 100여 지회가 조직될 정도로 많은 호응을 얻었다. 총재에 남궁억·김가진, 부회장에 오세창, 총무에 윤효정, 평의원으로 장지연·권동진·유근柳瑾·정교鄭喬·이종일 등 23명, 찬의원贊議員으로 지석영池錫永 등 10명, 그밖에 감사원·회계·서기 등이 있었다. 그 외 교육부장呂炳鉉, 회보발행소장洪弼周, 편집 겸 발행인(이종일)이 있었다.

대한협회는 국가의 부강, 교육과 산업의 발달을 추구했다. 또한 관인, 폐습의 교정, 저축의 실행, 권리·의무·책임·복종 등 국민의식의 고취를 목적으로 했다. 회보를 통하여 정치·사상·역사 등을 밝혔으며, 외교·지리·문예 등 교양과 계몽에 힘썼다. 1908년 4월부터 회보를 발행하여 국민을 지도, 계몽했으나, 통권 12호로 종간한 뒤 신문으로 바꾸었다. 회보는 매월 2,000부 이상 발행하여 중국·일본·미국 등지국외 한인사회에도 보급했다.

1909년 8월부터 대한협회는 일진회와 서북학회西北學會와 더불어 3파

제휴를 시도했다. 서북학회가 이에 불참하자 두 단체 제휴가 논의되었다. 이는 일제가 한국 내의 합방청원 여론을 조작하기 위하여 한국내의 정치세력을 망라한 대정당을 결성시켜, 그들로 하여금 합방청원을 하도록 하여 한국민의 여론을 오도하고 위장하고자 한 술책이었다. 일진회를 매국당으로 매도하던 대한협회가 일진회와 제휴를 시도했던 이유는 이완용 내각을 퇴진시키고 정권을 장악하고자 함이었다.

일진회와 제휴 사실이 알려지자 장지연·여병현呂炳鉉 등 다수 회원이 지도부를 규탄하는 등 반대가 계속되었으나, 지도부에서는 제휴를 강행하여 1909년 10월 양 단체의 연합대연설회가 개최되는 등 순조롭게 진행되었다. 10월 26일 안중근이 이토 히로부미를 총살 응징하자 제휴작업은 정체 상태에 빠졌고 결국 실패했다. 일진회는 일본의 여론이 한국병합 쪽으로 진전되는 것처럼 보이자, 단독으로 합방청원의 여론조성에 앞장서 합방정국을 주도하고자 했다.

대한협회는 1909년 12월 초까지 제휴작업을 시도하다가, 결국 12월 4일 결렬을 선언했다. 일진회는 이날 '합방청원상소'를 황제와 내각·통감에게 제출하고, 이어 '합병성명서'를 발표했다. 이에 대한협회는 즉각적으로 성토하고 국민대회를 발기했다. 그러나 국민대회는 군중대회로 계획된 것이 아니라 각 단체 대표 10인이 모이는 대표자 회의였는데, 그나마 경시청이 이를 금지하자 취소되었다. 이후 일본인 고문의 농간으로 정치활동을 못하고 1910년에 해체되었다. 그 사이 조완구는 대종교에 입교했고, 이후 대종교를 통해 뜻한 바 활동을 하게 된다.

03 러일전쟁과 불타는 황궁

러일전쟁 직후 불타는 서울의 황궁

조완구가 태어나 성장할 당시 조선 정세는 혼란스러웠다. 임오군란·갑신정변·방곡령사건·거문도사건 등은 어려서 잘 몰랐다고 해도, 1890년대 중반 이후 발생한 놀라운 사건들은 소년 조완구에게 청천벽력 같은 일이었을 것이다. 1894년 갑오년의 동학농민운동과 그해 초여름 농민봉기를 틈탄 일본군의 경복궁 기습, 곧이어 벌어진 청일전쟁이 그랬고, 을미년 일본의 공권력이 다시 경복궁을 습격하여 명성황후를 시해하고 그 시신을 불태운 일, 그로부터 석 달도 안 되어 전국에 내려진 단발령, 병신(1896)년 초 고종이 러시아공사관으로 피신한 일, 즉 아관파천 등이 그랬다. 이 모두 조선을 혼란의 도가니로 몰아넣었다.

다행히 아관파천 1년 뒤 가까스로 환궁한 고종은 한국사상 처음으로 황제 즉위식을 행하고 대한제국을 선포했다. 그 전 해에 『독립신문』이 창간되고, 독립협회가 창립된 데서 보듯이 군주와 백성 모두 나라의 '자주독립'에 목숨을 걸 수밖에 없는 상황이었다. 조완구는 서울에서 진행된 황제 즉위식 행사와 어가행렬을 먼발치에서나마 지켜보며 무너져 간 500년 왕조의 국운이 대한제국을 통해 다시 융성하기를 간절히 기원했을 법하다.

이후 서울의 거리에서는 새로운 물물이 등장하고 변화된 모습을 볼 수 있었다. 거리에 전등이 가설되고, 전차와 기차가 들어오고, 발전소가 설치되었다. 각종 공장이 들어서고 정부에서는 외국어학교·공업학교·상업학교도 설립했다. 전국적으로는 양전사업과 지계사업, 즉 토지측량과 토지문서 발급 사업도 시행했다. 산업이라곤 농업이 전부였던 때였으니, 새롭고도 대대적인 사업이었음에 틀림없다. 이런 변화가 나라의 발전을 기약하는 듯했다.

1904년 일본에 의해 러일전쟁이 발발하면서 대한제국의 운명은 다시 곤두박질쳤다. 두 달 뒤 고종이 집무하던 대한제국의 황궁(즉 당시의 경운궁)은 의문의 대화재로 잿더미가 되고 말았다. 황궁이 화염에 휩싸인 광경을 조완구는 가까이서 초조하게 지켜보았을 것이다. 총검을 옆에 차고 종로거리를 행진하던 일본군도 시시로 목격했을 것이다. 조완구의 가문은 옛 영화에서 비껴나 있었지만 그래도 명문거족이었다. 기울어 가는 나라의 운명을 지켜보면서, 명문가의 관직자로서 망연자실했을 것으로 유추된다.

돌이켜 보면, 19세기 말 20세기 초 한반도는 두 차례나 대전쟁이 휩쓸고 갔다. 청일전쟁과 러일전쟁이 그것이다. 청일전쟁이 조선을 망국으로 치닫게 했다면, 러일전쟁은 대한제국의 운명을 갈랐다. 러일전쟁을 틈타 일본은 한국의 내정을 장악했다. 먼저 한반도의 군사요지를 점령하고 일본군의 한국주둔을 용이하게 했다. 이후 일본이 추천한 고문을 한국 정부에 임용하게 했다. 전쟁이 끝난 후에는 외교권을 접수하고 통감부를 설치했다.

이런 일본의 침략에 조야가 가만히 있었던 것은 물론 아니다. 그중 황제는 미국에 헐버트·이승만 등을 파견하여 한국에 대한 지원을 호소했고, 이어 헤이그만국평화회의에 특사를 파견하여 일본의 불법행위와 약속위반을 국제사회에 알리고 성토했다. 그러자 일본 측은 고종을 폐위시키고 사법권을 박탈하고 군대를 해산했다. 이에 안중근이 이토를 저격하자 대한제국의 국권을 탈취했다. 반만 년 역사에서 한민족 최대의 비극이다.

나라는 망해도 산하는 그대로 있는 법! 많은 이들이 가족을 동반하여 만주 등지로 떠났다. 우당 이회영과 성재 이시영 형제, 석주 이상룡과 왕산 허위 가문 등이 그러하고, 산동 신씨 가문의 신규식·신채호·신석우 등이 그런 주요 인물이다.

그 시절 조완구의 나이는 이미 30살이었다. 조완구 역시 얼마 후 만주로 갔다. 이후의 그의 생애는 파란만장하지만, 그것은 국권회복운동으로 일관되었다. 조완구가 독립운동에 투신한 동기는 무엇이었을까? 특권을 향유해 온 명문가 사람으로 나라에 보답해야 한다는 사명감이었을까, 인간적 자손심이었을까. 그의 결심에 자극을 준 인물이 있었다.

러일전쟁시 노무에 동원된 한국인

러일전쟁시 군수품 운반에 동원된 한국인

한반도 근해와 만주를 둘러싸고 1년 남짓 지속된 러일전쟁은 일본의 승리로 끝났다. 전쟁을 통해 일본이 확보한 가장 큰 전리품은 대한제국의 외교권 탈취였다. 러일전쟁 발발 직후 일본은 한일의정서를 강요하여 한반도의 군사요지를 선점했지만, 그 대신에 한국의 영토를 보전하고 황실의 안녕을 보장한다고 약속했다. 그러나 그 조약이 체결된 이듬해 일본은 대한제국의 외교권을 빼앗았다(을사늑약). 한일의정서는 고종이 인준했지만, '을사늑약'은 황제가 인준하지도 않았고, 한일의정서를 폐기한 것도 아니었다.

을사늑약은 한일의정서와 모순되고, 법 절차상으로도 성립되지 않은 불법이었다. 그만큼 일본이 대한제국을 얕보고 형식적인 절차마저 무시한 것이었다. 이때 조완구는 내부주사직을 사임했다. 일본이 한국의 외교권을 강탈했다는 소식에 전국 백성이 분노하여 성토하는 소리가 일파만파로 퍼졌다. 일본이 한국을 위해 의로운 전쟁을 치렀다고 선전한 것은 사기이며, 일본 정부의 행동에 신의가 없음을 규탄했다.

여기에 불을 당긴 것이 장지연이 쓴 「시일야방성대곡是日也放聲大哭」이라는 논설이었다.

> 이토가 한국의 독립을 지켜주겠다던 약속을 어겼고, 그로 인해 동양 3국이 분열되고 사천 년 역사를 지닌 한국민이 일본의 노예로 살게 되었으니 원통하고 분하다.

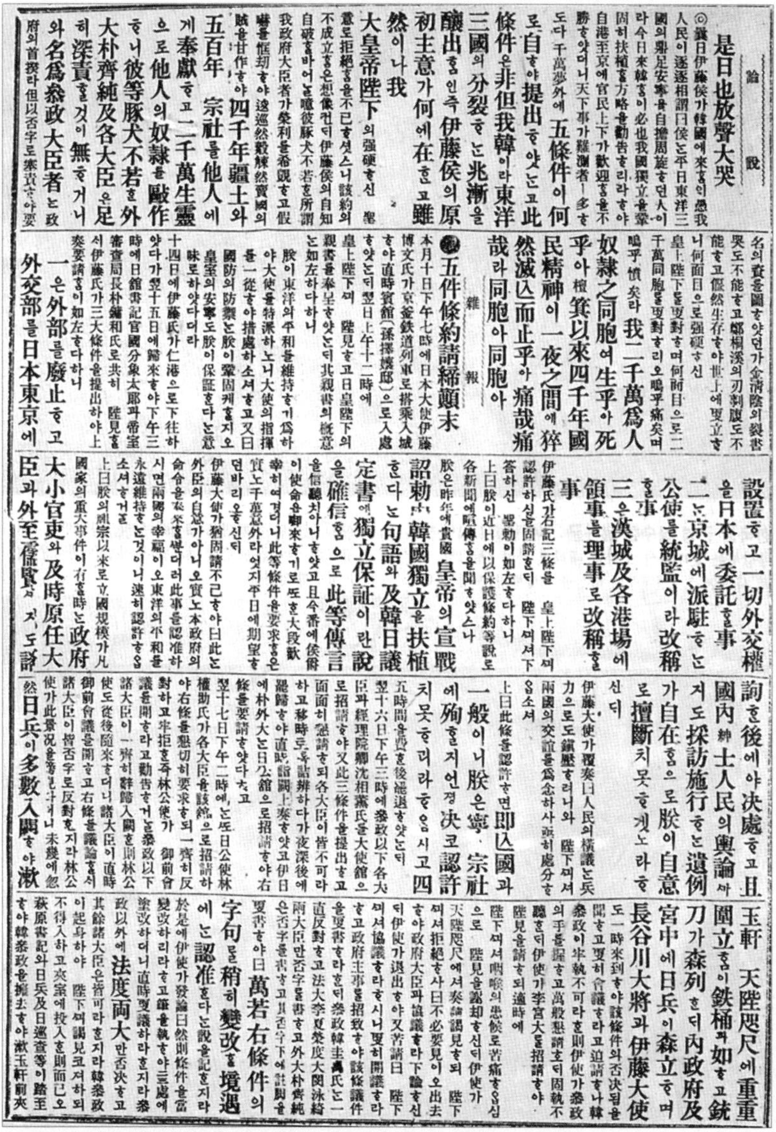

論說

是日也放聲大哭

◎曩日伊藤侯가韓國에來홈이愚我人民이逐逐相謂曰侯ᄂ平日東洋三國의鼎足安寧을自擔周旋ᄒ던人이라今日來韓홈이必也我國獨立을鞏固히扶植홀方略을勸告ᄒ리라ᄒ야自港至京에官民上下가歡迎홈을不勝ᄒ얏더니天下事가難測者ㅣ多ᄒ도다千萬夢外에五條件이何로自ᄒ야提出ᄒ얏ᄂ고此條件은非但我韓이라東洋三國의分裂ᄒᄂ兆漸을釀出홀인즉伊藤侯의原初主意가何에在ᄒ고雖然이나我大皇帝陛下의强硬ᄒ신聖意로拒絶홈을不已ᄒ셧스니該約의不成立홈은想像컨ᄃ伊藤侯의自知自破홀바어ᄂ噫彼豚犬不若ᄒ所謂我政府大臣者가榮利를希覬ᄒ고假嚇를恇㤼ᄒ야逡巡然觳觫然賣國의賊을甘作ᄒ야四千年疆土와五百年宗社를他人에게奉獻ᄒ고二千萬生靈으로他人의奴隸를敺作ᄒ니彼等豚犬不若ᄒ外大朴齊純及各大臣은足히深責홀것이無ᄒ거니와名爲叅政大臣者ᄂ政府의首揆라但以否字로塞責ᄒ야要名의資를圖ᄒ얏던가金淸陰의裂書哭도不能ᄒ고鄭桐溪의刃刲腹도不能ᄒ고偃然生存ᄒ야世上에更立ᄒ니何面目으로强硬ᄒ신皇上陛下를更對ᄒ며何面目으로二千萬同胞를更對ᄒ리오嗚乎痛矣며嗚乎憤矣라我二千萬爲人奴隸之同胞여生乎아死乎아檀箕以來四千年國民精神이一夜之間에猝然滅込而止乎아痛哉痛哉라同胞아同胞아

「시일야방성대곡」(『황성신문』 1905년 11월 20일)

『황성신문』의 논설을 써 내려가던 장지연은 분노로 손이 떨렸다. 글이 써지지 않아, 후반부는 다른 사람이 대필했다. 검열에 의해 삭제당할 것이 분명한지라 곧바로 인쇄에 들어갔다. 신문이 배포되자 일본군은 즉각 장지연을 연행해 가고 『황성신문』은 무기 정간되었다.

민영환 혈죽과 인물사진

이때 전국의 유생과 전·현직 관리들도 조약폐기를 요청하는 상소를 올렸다. 시종무관장 민영환閔泳煥(1861~1905)은 을사늑약의 폐기조치를 주장하다 뜻이 받아들여지지 않자 황제와 국민, 각국 공사에게 유서를 남긴 뒤 스스로 목을 찔러 목숨을 끊었다.

> 오호라, 나라의 치욕과 백성의 욕됨이 여기에 이르렀으니 우리 백성은 장차 생존경쟁 속에서 모두 망하게 되는구나. 무릇 살려고 하는 자 반드시 죽고, 죽기를 각오하는 자 반드시 산다는 것은 여러분도 익히 아는 바다. 영환은 한 번의 죽음으로 우러러 황은에 보답하고, 2천만 동포께 사죄한다. 영환은 죽었어도 죽은 것이 아니다. 지하에서 여러분을 도울 것이다. 부디 우리 동포형제들이 천만 배 노력을 더하여 자기를 다지고 학문에 힘쓰고 힘을 길러 우리의 자유와 독립을 회복한다면, 나는 마땅히

지하에서 기뻐 웃을 것이다. 슬프다. 그러나 조금도 실망하지 말라.

11월 30일 새벽 6시, 민영환이 자결한 다음날. 전 의정 조병세趙秉世도 국민과 각국 공사에게 보내는 유서를 남기고 목숨을 끊었다.

이때 의정부 참찬관 이상설은 '황제는 조약을 폐기하고, 그도 못할 것이면 차라리 자결하시라!'며 머리를 땅에 부딪치고 통곡하다가 기절했다. 많은 전현직 관리나 뜻있는 인사들도 목숨을 끊거나 관직을 떠났다. 일부 인사들은 방향을 돌려 조약에 서명한 을사오적의 처형을 주장했고, 나철과 같은 이들은 이를 직접 결행하고자 했다.

민영환 혈죽도

민영환이 자결하기 직전 조완구는 조약의 폐기를 상소하고 퇴궐하는 민영환을 만난 적이 있다. 걱정이 된 조완구가 민영환에게 물었다.

"대감, 헌병에게 잡혀 가실 각오로 상소를 올리셨습니까?"

이에 민영환은 빙그레 웃으면서 나갔다.

귀가한 민영환은 모친의 얼굴에 자신의 얼굴을 비비는 등 응석을 부렸다. 노모는 웃으며 이 아이가 웬일이냐며 즐거워했다. 또한 갓 태어난 어린 자식을 무릎 위에 올려놓고 그윽하게 바라보며 애정을 표하기도 했다.

아내와 작별하고 집을 나온 민영환은 의관議官 이완식의 집으로 갔다. 그 집을 지키던 청지기 황남수를 자기 집으로 심부름 보낸 뒤 민영환은 방으로 들어갔다. 좌정한 그는 황궁을 향해 절을 한 뒤 단도를 꺼내 목을 찔렀다.

민영환 집의 하인 최석인이 왔을 때에 그는 이미 숨을 거둔 뒤였다. 민영환의 관복은 붉은 피로 흥건했고, 벽에는 민영환이 피가 묻어 미끄러워진 손을 거듭 닦은 흔적이 역력했다.

'사는 것도 고통이지만, 죽는 것도 이다지 고통스러워야 하는가?'

단말마의 고통 속에 민영환은 나라와 백성, 노모와 아내, 자식에 대한 걱정과 함께 절규했을 것이다.

민영환의 자결 소식은 곧바로 장안에 파다하게 퍼졌다. 많은 이들이 놀랐고, 조완구는 놀라움을 넘어서 부끄럽기까지 했다. 당시 민영환은 45세. 아버지 나이의 대감(민영환)이 고작 일본 헌병에게 잡혀 갈 것을 걱정하여 위로의 말을 올린 자신이 용렬하다고 생각되었기 때문이다.

대한제국 마지막 외교의 좌절 – 이상설과 헤이그특사의 사명

조완구의 일생에 큰 영향을 끼친 또 하나의 인물이 있다. 부재傅齋 이상설이다. 을사늑약 직후 분격하여 건강을 상했던 이상설은 한동안 정양한 뒤 가산을 정리하여 만주의 용정龍井으로 떠났다. 그때가 1906년. 그

헤이그특사

는 그곳에서 이동녕李東寧(李良)·여조현呂祖鉉(呂儁)·정순만鄭淳萬(王昌東)·박정서朴禎瑞(朴茂林)·김우용金禹鏞(金東煥)·황달영黃達永(田共達) 등과 서전서숙瑞甸書塾을 설립했다. 이상설은 자기의 재산으로 기독교회 인사 최병익의 집을 사서 교사校舍로 삼았다. 이곳은 국내와 가깝고 남·북만주와 시베리아 지방의 이주 한인과도 교통하기 적당한 곳에 있어 독립운동기지로 적절한 지역이었다. 따라서 국내 온성·종성·회령 등지에서 학생들이 모여들었다.

1907년 5월, 숙장 이상설은 헤이그에서 열리는 제2차 만국평화회의에 수석특사로 참가하라는 고종황제의 어명을 받고 용정을 떠나 러시아 연해주로 갔다. 그의 뒤를 이어 숙장으로 추대된 여조현이 김우용·황달

이상설

영 등과 함께 힘을 합쳐 계속 서숙을 꾸려 나갔다. 그러나 그해 8월 일제는 용정촌에 통감부 간도 임시파출소를 설치했다. 서전서숙이 활기를 띠고 운영되어 갈 때, 파출소 소장 사이토 스에지로齊藤季治郎는 서전서숙을 감시하고 탄압했다. 결국 서전서숙 측은 일제의 감시와 민족교육운동에 대한 압박 앞에서 1907년 9월경 자진해서 문을 닫게 되었다.

서전서숙 출신인 김학연金學淵은 당시 많은 유지 인사들의 협력을 받아 1908년 4월 27일에 화룡현 명동촌에 명동서숙 설립에 일조했다. 이상설과 함께 서전서숙의 설립과 운영에 참여했던 이동녕과 여운형의 오촌숙五寸叔되는 여조현도 명동학교 및 서간도 지방의 대표적 민족주의기관이었던 신흥강습소新興講習所와 그 후신인 신흥중학에서 교원으로 활약했다. 서전서숙 갑반 출신이었던 남세극南世極은 나철羅喆·서일徐一·박상환朴商煥 등 여러 사람과 함께 삼도구 청파호에 대종교 북도北道 본사本司와 하동河東에 남도南道 본사를 세워 종교활동에 종사하는 한편 풍락동과 청파호 등지에 실업학교를 설립하여 민족교육에도 힘썼다. 그외에도 시베리아 블라디보스토크의 한민학교, 북만주 밀산부密山府 지역 내의 한흥동韓興洞에 설립한 한민학교 등은 모두 서전서숙의 교육정신을 이어나간 교육기관이다. 서전서숙은 1년여 정도의 짧은 역사로 끝났지만, 그곳에서 배출된 민족지사들은 각지에서 그 정신을 계승하며 민족교육과 항일독립운동에 중요한 역할을 했다.

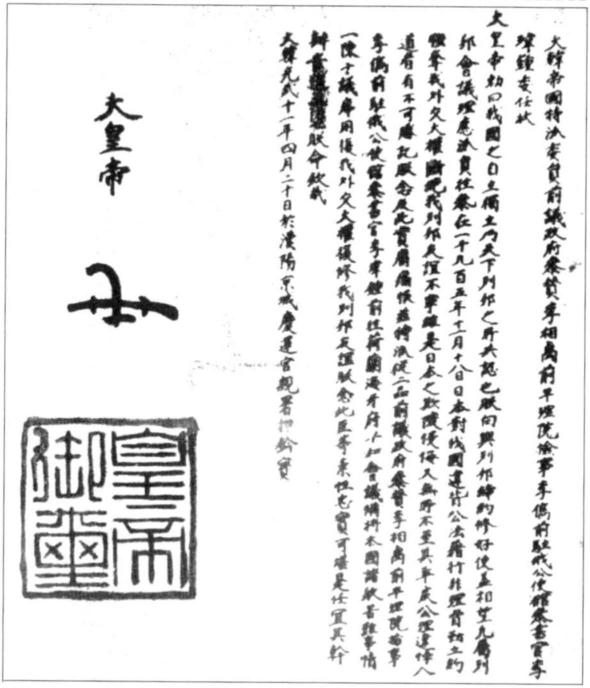

大韓帝國特派委員前議政府參贊李相卨前平理院檢事李儁前駐俄公使館參書官李
瑋鍾委任狀
大皇帝勅曰我國之自主獨立乃天下列邦之所共認也朕向與列邦締約修好使盖相望凡屬列
邦會議理應派員往參在一千九百五年十一月十八日日本對我國違背公法擅行非理脅勒立約
攘奪我外交大權斷絕我列邦友誼不寧唯是日本之欺凌侮慢無所不至其事之背公理違人
道者有不可勝記朕念及此實痛恨益特派從二品前議政府參贊李相卨前平理院檢事
李儁前駐俄公使館參書官李瑋鍾前往荷蘭海牙府萬國和平會議將本國諸般苦難事情
一陳于議席用復我外交大權復修我列邦友誼朕念此臣等秉性忠實可堪是任宜其幹
辦會議事務朕命欽哉
大韓光武十一年四月二十日於漢陽京城慶運宮親署押鈐寶

大皇帝

皇帝御璽

헤이그특사 신임장

고종황제로부터 헤이그로 가라는 명을 받은 이상설은 블라디보스토크로 가서 이준을 만나, 제정러시아 수도로 향했다. 페테르부르크에 도착하여 이범진을 만나 대책을 숙의했고, 그의 아들 이위종을 데리고 이상설과 이준은 헤이그로 향했다. 고종은 외교를 통한 국권수호운동의 일환으로 앞서 이승만·헐버트를 미국에 파견하여 지원을 호소한 바 있다. 주목적은 일본이 러일전쟁 이후 불법적인 을사늑약을 통해 대한제국의 외교권을 탈취한 사실을 국제사회에 호소하려 한 것이다. 『런던

타임즈London Times』에서 1906년 1월 13일에 이를 상세히 보도했고, 프랑스 공법학자 프랑시스 레이는 특별기고를 통해 을사조약의 무효를 주장했다. 그러나 국제법은 멀고 제국주의는 가까웠다. 열강이 귀를 기울여 주지 않았다. 이후 고종은 기회가 있을 때마다 일본의 불법을 해외에 알리고자 했다. 제2회 만국평화회의에 특사를 파견한 것도 그 일환이었다.

만국평화회의는 원래 러시아황제 니콜라이 2세의 발의로 시작되었다. 제1차 회의는 군비를 제한하고 전쟁을 방지할 목적으로 1899년 4월 헤이그에서 열렸고, 제2차 회의는 러일전쟁 이후 국제분쟁의 위험이 커지면서 전쟁법규 제정과 중재재판소 설치 등을 논의하고자 열렸다. 그러나 말이 만국평화회의이지 세계분할 과정에서 제국주의 국가 간의 마찰을 조정하자는 것이 기본 목적이었다. 약소국의 형편을 고려하자고 열린 회의가 아니었다.

6월 하순 특사 일행이 드디어 헤이그에 도착했지만 그들은 회의장 입장조차 거부당했다. 1906년까지만 해도 러시아나 주최국 네덜란드나 대한제국 사절 초청의사를 표명한 바 있었지만, 러일협상이 추진되면서 러시아 입장이 정반대로 바뀐 것이다. 네덜란드 역시 마찬가지였다.

다행히 낙망한 특사 일행을 도운 외국인들이 있었다. 헐버트가 그랬고, 영국인 언론인 윌리엄 스테드, 노벨평화상 수상자인 오스트리아 여성 수트너가 그랬다. 특사 일행의 사명 수행은 각국 기자단의 국제협회에서 빛을 발했다. 이위종이 불어로 「한국의 호소A Plea for Korea」를 절규했고, 국제언론의 동정을 모아 그들의 지지결의까지 끌어냈다.

그러나 국제 언론인의 동정일 뿐, 현실을 돌이킬 수는 없었다. 분격을 금치 못한 이준이 현지에서 갑자기 발병하여 운명을 맞았다. 그날이 7월 14일. 이상설·이위종은 눈물 속에 이준의 장례를 치렀다. 이후 이상설·이위종은 유럽과 미국을 순방했다. 한국의 독립지지를 각국 정부에 호소하는 한편, 해외 한인들의 결집을 꾀하기 위해서였다. 특사의 또 다른 사명이기도 했다.

각국 순방을 마친 이상설은 1908년 7월 11일~15일 미국 콜로라도주 덴버에서 개최된 애국동지대표회愛國同志代表會에 참석했다. 이 대회는 한국의 독립을 옹호하기 위해 해외 각지의 한인단체들을 규합하여 단결을 꾀하는 데 있었다. 5일간의 회의에 참석한 인원은 36명이었다. 이상설은 이승만과 함께 노령대표로 참석했다.

처남 홍범식의 자결 – 국파군망 불사하위

러일전쟁을 도발한 이후, 일본은 한국의 내정과 외교에 관한 제반 사무를 하나씩 접수해 가기 시작했다.

맨 먼저 대한제국 정부에 강요하여 일본군이 한국에 주둔하는 것을 허가하는 한일의정서를 체결하게 했다. 그런 다음에 한일협약을 통해 일본이 추천하는 고문을 한국 정부에 임명하도록 하였다. 이후 을사늑약으로 대한제국의 외교권을 박탈하고 통감부를 설치하게 했다. 이어 헤이그특사사건을 기회로 고종을 강제로 퇴위토록하고 사법권을 박탈했다. 마침내는 대한제국군이 해산되고, 고위관직에 일본인이 두루 임

금산군수 시절의 홍범식과 관료(1910년 4월 20일)

명되었다.

이제 남은 것은 대한제국의 주권을 접수하는 일이었다. 제3대 통감으로 부임한 육군대신 데라우치 마사타케寺內正毅가 사법권·경찰권을 장악한 데 이어 결국 1910년 8월 '일한병합조약'을 마무리했다.

> 한국의 황제폐하는 정부에 관한 모든 통치권을 완전하고도 영구히 일본국 황제폐하에게 양여한다.

일본은 한국민의 저항을 우려하여 발표를 유보하고, 대신들을 연금한 뒤 순종에게 국권이양조칙을 강요했다.

8월 초부터 통감부(10월 1일부터는 총독부)와 일본 정부 사이에는 근 300통의 전문이 오고갔다. 국호와 황실의 호칭, 병합협력자의 매수 등을 논한 것이었다. 8월 18일자로 일본의 총리 카스라가 한국의 통감에게 보낸 전문에서는 순종황제를 창덕궁 '이왕 전하'로 하고 한국의 국호는 '조선'이라 한다고 했다. 이에 따라 대한제국은 조선으로 태황제는 이태왕 전하로, 황제는 이왕 전하가 되었다. 대한제국은 대일본제국 지배하의 조선 그리고 황제는 일본천황가의 이왕이라는 뜻이었다.

홍범식 순절비

대한제국의 국권상실 소식에 전국의 수많은 이들이 충격에 휩싸였다. 이때 조완구에게 가장 충격적이었던 것은 손위 처남 홍범식의 자결이었다. 당시 홍범식은 금산군수였다. 조완구와는 10년 정도의 나이 차가 나지만, 의기 투합하여 나라 문제로 서로 걱정하던 입장이었다. 조완구는 이미 관직에서 물러났지만 홍범식은 그대로 있었다. 홍범식은 현직에 머물며 지방민에게 선정을 베풀다가 죽을 때를 기다린 셈이었다. 국권상실 소식에 그는 이렇게 말했다.

"내 어찌 한 고을의 군수로 나라가 망하는 포고를 군민에게 알릴 수 있겠느냐."

그는 10통의 유서를 남기고 자결하였다. 이때 홍범식의 나이 40세였고, 고향에는 부친과 아내 그리고 자녀 여섯 남매가 있었다. 민영환의 자결도 큰 충격이었지만, 홍범식의 자결은 조완구는 물론 그의 아내 홍정식에게도 크나큰 충격이었다.

이 무렵 조완구는 대종교에 귀의하였다. 이후 만주로 망명했다가 블라디보스토크 등을 거쳐 상해로 이동하여 근 30년 동안 독립운동을 지속하게 된다. 아내 홍정식은 홀어머니를 보살피고 아이들을 키우며 수십 년 동안 묵묵히 남편을 지지해 주었다.

구국의 길 : 공자에서 단군으로 04

공자를 따를 것인가

일본은 러일전쟁을 도발한 이후 한국의 내정간섭을 가속화하여 1905년 외교권을 탈취하고, 1907년에는 고종을 강제로 퇴위시킨 후 경찰권·군사권을 접수해 갔다. 이어 안중근의 이토 히로부미 사살을 구실로 마침내 대한제국의 주권을 탈취해 갔다. 그 과정에서 친일 인물로 구성된 일진회라는 단체를 후원, 한국인의 의사를 대표하는 것처럼 조작했다.

이 과정에서 한국인들은 다양한 형태로 저항했다. 그중 유학자들은 유교의 부흥을 통해 국가의 부활을 꾀하고자 했고, 지방에서는 유생을 기반으로 의병이 조직되어 움직였다. 장지연의 유교구신론儒敎求新論이나 신기선申箕善이 1907년 창립한 대동학회大同學會 등도 당초에는 그런 노력의 일환이었다. 이들은 개화파나 기독교 인사와는 다른 각도에서 조선왕조 500년간 국가의 사상을 지배해 온 유교를 중심으로 국권회복을 모색한 것이고, 유학자나 의병의 정신사적 기반도 마찬가지였다.

이런 조야의 움직임에 일본 측은 '남한대토벌작전'을 구사하여 의병들을 초토화시켰고, 다른 한편으로는 유림계를 와해시키고자 정치공작을 펼쳤다. 수만 명에 이르는 의병이 희생되었고, 신기선 등 유림 측이 창립한 대동학회에는 이토 히로부미의 자금이 은밀히 흘러들어 갔다. 대동학회는 당초부터 일본 측이 유림들을 친일화하여 활용하려는 의도가 없지 않았다. 그 결과 유림계의 또 다른 일진회라는 비난을 받았다. 이에 김가진·이용직 등이 탈퇴하는 등 세력이 약화되면서 혼란을 겪던 중 1909년 2월 신기선이 타계했다.

이후 대동학회는 이름을 공자교孔子教로 개칭하여 그해 10월 재등장했다. 이것은 동화정책을 위해 일본이 공작한 결과 중 하나였다. 가령 일본의 전 외무대신 하야시 타다스林董는 일본 정부가 한국을 병합하는 방책으로 먼저 동화정책을 채택하는 것이 적당하다고 이렇게 주장했다.

> 일·청·한 삼국은 불교 도래 이전부터 공맹의 윤리가 있어 유교주의에 의해 사회의 도덕을 유지해 온 까닭에 불교가 도래해서도 이 윤리사상을 뒤엎는 것은 불가능했다. 그렇다면 일본이 조선 인민에 대해 먼저 공맹의 교를 기초로 20세기 문명의 학문으로 유도하고 부축하는 것이라면 동화하는 일은 결코 지난한 일이 아니라 믿는다.

한국의 역사·문화에 대한 연구를 동화정책에 어떻게 활용하려는지 일본의 구상을 잘 보여 주는 일면이다. 결국 총독부 측이 대동학회와 공자교란 이름하에 일본 세력을 은연중 유림에 침투시키자 선각적 유림

인사들이 대동학회를 이탈했다. 그 결과 새로 등장한 것이 박은식·장지연 등이 창립한 대동교이다.

대동교는 일본의 종교침략에 대응, 유학을 통하여 애국운동을 하자는 것이었다. 1909년 9월 11일 이범규李範圭의 집에서 총회가 열리고 대동교가 창건되었다. 조완구는 전례부장典禮部長으로 선출되었고, 이용직(총장), 이범규·이윤종(총사), 박은식(종교), 원영희(교육), 장지연(편집), 이병소(장재), 신하균(의사) 등이 주요 인사였다.

이 자리에서 박은식은 '공부자탄신기념회 강연'을 통해 대동교의 취지를 밝혔다. 즉, "사람의 고유한 밝은 본심을 이끌어 사사로운 형체와 물욕을 극복하고, 심신을 바르게 쓰도록 하면 만민이 태평함을 누릴 것"이라 했다. 이후 조완구·원영희 등은 대동교의 발전을 위해 노력했다. 즉, 대중연설회를 개최하고, 저술한 책자들을 중국·일본·서양에 널리 알리고자 했다. 강습소를 설치하여 교육활동도 펼쳐 나갔다.

『황성신문』은 "대동교에서 개학한 지 1주여에 주야 학원이 80~90명에 달했다"고 했다. 한동안 대동교에 입교하는 사람들도 증가했다. 그러나 여기에도 일본의 공작이 침투했다. 이후 대동교는 쇠퇴하고 박은식·조완구 등은 유학을 대신하여 민족운동의 구심점 역할을 할 수 있는 새로운 대안을 모색하게 된다. 그것이 바로 대종교였다.

위기의 시대에 부활한 단군

한국 근대사에서 주요한 현상 가운데 하나는 토착종교의 창시이다. 천도교·대종교 등이 그것이다. 천도교는 동학을, 대종교는 단군교에서 유래했다. 앞서 유림이 조직한 단체에 일본 측의 손길이 뻗쳤듯이 동학과 단군교에도 마찬가지였다. 천도교와 대종교의 이름은 그렇게 해서 등장했다. 이들이 호응을 받은 것은 민족정신이 강조된 것과 관계가 있다.

대종교는 나철이 창시했다. 민족의 시조로 단군을 받들었다. 역사적으로 단군은 민족의 위기 때 더욱 강조되었다. 몽고의 고려 침략기에 단군사당이 건립되었고, 조선 전기에도 그랬다. 조선 후기와 근대에는 민족문화와 신교의 창시자, 민족신으로 받들어져 마침내 대종교가 등장하게 되었다. 대개의 종교가 그러하듯 대종교 등장도 신비한 부분이 있다.

대종교 창시자 나인영(홍암대종사 나철)은 전남 보성 출신으로 29세 때 과거에 장원급제했다. 승정원가주서承政院假注書·승문원권지부정자承文院權知副正字를 거쳤고, 33세 때 징세서장徵稅署長의 발령을 받았으나 구국운동에 뛰어들어 1904년 유신회를 조직했다.

그는 을사늑약 체결 직후 그 부당성을 성토하고자 일본으로 가서 궁성 앞에서 단식시위도 했다. 그때 그는 두일백이라는 노인으로부터 『단군교포명서檀君敎佈明書』를 전해 받았고, 그로부터 단군의 교화를 펴라는 주문과 함께 영계를 받았다고 한다.

이후 귀국한 나철은 1909년 1월 15일(음력) 자시子時를 기하여 '단군교포명서'를 공포했다. 민족의식을 배양하는 것이 민족부흥과 국가재건의 원동력이라 깨닫고, 단군교를 중광重光한 것이다. 이날이 바로 중광절重光節이다. 중광이란 새로 창립한 것이 아니라 어둠에 갇혀 있던 단군교를 다시 밝혔다는 의미에서, 창시라는 용어 대신에 쓴 개념이다. 이때 활약한 인물이 오기호·이기李沂·강석화姜錫華·박호암朴湖巖·유근柳瑾·정훈모鄭薰謨 등이다. 당시 '단군대황조신위'를 모시고 제천의례를 행한 장소가 한성 북부 재동이다. 저간의 과정은 『대종교 중광60년사』에 잘 요약되어 있다.

지도智島 유배처(배소配所)에서 돌아온 나철은 울분과 통한으로 지내면서도 "생명이 붙어 있는 한 망국의 한 백성으로 좌시할 수 없다"고 생각했다. 일본 정부와 재차 교섭차 1908년 11월 4차로 동경으로 가서 청광관淸光館에 머물며 일본 정부 측과 외교담판을 하고자 했다. 그러던 12월 5일(양력) 옆방에 머물던 한 노인(두일백杜一白)이 『단군교포명서』 한 권과 『고본신가집古本神歌集』, 『입교절차入敎節次』 등의 책을 전했고, 12월 9일 개평관蓋平館 숙소에서 나철과 그의 동행인 정훈모에게 '곧 귀국하여 단군대황조의 교화를 펴라'는 간곡한 부탁과 함께 영계靈戒를 받았다.
이날 밤 천사만려로 조국의 앞날과 민족의 장래를 걱정하던 대종사는 "국운의 회복은 어느 애국정객 몇 사람의 힘으로 되는 것이 아니요, 전 민족이 거족적으로 일치단합하여 생명의 근본적인 단군대황조를 지성숭봉하고 그 교화의 큰 은혜 아래서 신화神化의 대력大力이 없는 한 성취될 수 없음"을 절실히 깨닫고, "국파민멸의 근본원인이 오로지 장구한 세월에 걸쳐 모화慕華·사대事大의 왜곡된 교육을 받아온 민족이었으므로 의당 있어야 할 그 민족의식이 가리어졌던 까닭"이라고 절실히 느끼게 되었다. 이에 "이미 나라는 망했으나 민족에게만은 진실한 의식을 배양시켜 민족부흥과 국가재건의 원동력을 만들어야 한다"고 방향을 잡고, 그날부터 정치에 단념할 것을 맹서하고 귀국했다. 이후 한배검의 교화를 널리 펴 보국안민과 제인구세의 대원을 이루고자 주야로 원도한 지 1년 만에 마침내 대도포명의 묵계를 이었다. 이에 대종사는 신교의 중광과 종도의 제천으로 민족의 앞날을 바로잡고 병탄당하던 조국의 쇠퇴한 운명을 회복시키고 동양평화와 인류의 자유행복을 증진시키고자 했다.

이때 나철은 교주인 도사교都司敎로 추대되었다. 나철은 밀계密誡와 오대종지五大宗旨를 발표하여 교리를 정비하고 교단조직을 개편했다. 이후 교세가 확장되어 1910년 6월 서울에 근 3천여 명, 지방에 근 2만여 명의 교인을 확보했다고 한다.

당시 서울 북부지사교北部支司敎였던 인사의 친일행위로 인해 내분이 일고 일제의 탄압이 예상되자, 1910년 8월 단군교라는 교명을 대종교로 바꾸었다. '종倧'이란 신인神人, 혹은 한배님이란 뜻으로 '한인'·'한웅'·'한검'이 혼연 일체되어 있는 존재라 한다.

그뒤 일본 측의 종교탄압이 강화되자 나철은 국외의 포교를 진행하고자 만주 북간도 삼도구三道溝에 지사를 설치했다. 다른 한편 교리의 체계화에 힘써 1911년 『신리대전神理大全』을 간행했다. 이어 1914년 백두산 북쪽 산 밑의 청파호青坡湖 근방으로 총본사를 이전하고, 만주를 무대로 교세확장에 주력했다.

몽고 침입 이후 근 700년간 단절되었던 단군교는 대종교로 부활하여 발전해 가게 된다. 대종교는 나철(홍암대사, 1909~1916)에 이어 제2대 교주 김교헌(무원종사, 1916~1923), 제3대 교주 윤세복(단애종사,

1923~1960)으로 이어지는 가운데, 국내외에서 많은 인사들이 입교하여 독립운동가로 혹은 사회운동가·교육가로 활동했다.

대한제국이 나라를 잃은 요인

대한제국이 일본에게 국권을 상실하게 된 중요한 요인은 무엇인가? 흔히 한국인의 당파성·타율성·정체성 등 민족성이 멸망을 자초했다고 한다. 그러나 민족성에 원인을 귀착시켜서 본다면, 오늘날 대한민국이 놀라운 발전을 하고, 북한이 현재처럼 어려움에 처한 이유를 설명할 수 없다. 대한제국이 일본의 침략을 막을 수 없었던 이유는 추상적인 이론보다는 구체적인 현실에서 찾는 것이 더 합리적이다.

당시는 제국주의 시대였다. 약육강식의 논리가 현실적으로 통용되었다. 그런데 침략국가 일본에 비해 한국의 군사·재정·외교의 힘과 과학기술력이 현저히 뒤져 있었다. 19세기 말의 일본은 메이지유신을 단행한 이후 국가의 기간산업을 공업으로 전환하여 기술발전에 전력투구했다. 일본은 근대에 산업혁명을 이루어 갔던 것이다.

20세기 초의 한국은 공맹孔孟의 학문이 국가의 정치·도덕·교육·사상의 중심을 차지하던 유교국가이자 농사를 천하의 대본으로 여기던 농업국가였다. 한국은 과학기술을 앞세운 제국주의 열강의 압도적인 군사·인력·재정과 비교대상이 될 수 없었다. 1895년 당시 조선의 1년 예산은 500만 원 내외, 1905년 전후 대한제국의 1년 예산은 대체로 1,000만 원 안팎이었다. 10년 사이에 두 배가 되었으니 발전하고는 있었다.

그러나 1895년 당시 일본의 경우 1년 군사비만 해도 1억 2,000만 엔, 1904~1905년 당시 군사비는 19억 엔에 달했다. 대한제국의 예산은 일본과 35~90배의 격차가 벌어져 있었던 것이다.

국제외교적으로도 한국은 사면초가의 고립무원한 존재였다. 일본은 세계의 초강대국 영국과 1·2차 영일동맹을 맺고 중국·미국·러시아 등과도 한반도 문제를 두고 협상했다. 당시 한국의 인구는 1,500만이 넘었지만, 세계정세를 파악하며 국가를 이끌어 갈 인재는 턱없이 부족한 상태였다. 그나마 뛰어난 몇몇 인재는 위험시되어 조정에 발을 들여놓기 어려웠다. 게다가 국방을 담당할 병력도 넓게 잡아서 2만 명 내외였다. 훈련의 강도나 무기도 치안유지를 목적으로 하는 경찰력에도 못 미친다는 것이 영국과 러시아 첩보장교들의 견해였다.

한반도와 만주를 두고 러시아와 일본이 전쟁을 벌일 때 양국이 투입한 병력은 각기 100만여 명, 그중 일본군 사상자가 60만 명, 러시아군 사상자가 40만 명이었다. 좁게 잡아 수천 명, 넓게 잡으면 2만여 명 정도에 지나지 않았던 대한제국의 병력에 비해 러시아와 일본은 최소 100배 이상의 훈련된 막대한 병력을 신식무기로 무장시키고 있었다.

왕도정치를 이상으로 여기던 농업 위주의 유가적 도덕국가와 자본과 기술을 바탕으로 살벌한 국제경쟁 속에서 산업혁명을 추진해 온 천황제 절대주의 국가 사이의 심대한 격차였다. 게다가 시대는 정의가 뒷전이고 제국주의가 팽배해 가던 때였으니, 대한제국의 운명은 불우했다.

일본이 대한제국을 강점한 뒤 한국인과 그 땅은 한 세대가 넘도록 어둠 속에 있었다. 궁궐은 잡초가 무성해지고, 망명한 백성들은 객지에서 유랑했다. 그러나 그런 시련 속에서도 한국인의 혼은 살아 있었다. 망명한 역사가들은 필봉을 통해 이를 일깨우고 있었다.

박은식은 상해에서 근대의 일본이 한국을 침략해 병탄하기까지 역사를 담아 『한국통사韓國痛史』(1915)를 펴냈다. 자신의 필명을 태백광노太白狂奴라고 했다. 자기 나라를 잃고 떠나 와 해외에서 방황하는 자신과 한국민의 처지를 표현한 필명이었다.

책에 서문을 써 준 청의 저명한 학자 강유위康有爲는 자신의 필명을 갱생更生이라고 했다. 위기에 처한 중국 역시 다시 크게 소생하기를 바라는 간절한 염원을 담아 그렇게 표현한 것이다. 박은식이 '한국의 아픈 역사'를 펴낸 속뜻은 무엇인가?

책의 서언緖言에는 "나라는 멸망할 수 있으나 역사는 멸할 수 없다. 나라는 형체이고 역사는 정신이기 때문이다. 지금 한국의 형체는 허물어졌지만, 정신만은 살아남을 수 없겠는가. 이것이 내가 아픈 역사를 저술하는 이유이다. 한국의 정신이 살아 소멸하지 않으면 나라는 언제고 되살아날 수 있을 것"이라고 했다. 요컨대 역사를 저술하는 이유는 한국의 부활, 즉 나라의 광복을 위해 나라의 혼을 불러일으키기 위함이었다.

그래서 박은식 등은 독립운동의 수단으로 사필史筆을 들었다. 그러다가 심신이 지쳐 조국의 광복을 미처 보지 못한 채 해외에서 운명하는 이들이 많았다. 그래도 이들의 소망은 해외에서 임시정부와 그외 단체의 독립운동을 통해, 국내에서는 3·1독립만세운동과 6·10만세운동 등으로 이어져, 결국은 한민족 독립운동의 정신적 자양분이 되었다.

만주 망명과 대종교의 독립운동가들 05

조완구의 만주 망명과 대종교 활동

일본의 한국 침략이 가속화되면서 유교에 바탕을 둔 대동교가 더 이상 발전을 이루지 못하게 되자, 조완구와 박은식·장지연 등이 새로 모색한 것은 단군이었다. 민족의 시조로 인식되어 온 단군이 민족정신과 국권회복의 구심점으로 받아들여진 것이다. 조완구에게 한국의 광복은 일생의 목표였지만, 그러한 사고의 중심에 자리한 기둥은 단군이었다.

조완구가 대종교에 입도한 것은 1909년경으로 전해진다. 그가 서울 북촌에 살 때 가까운 곳에서 나철이 대종교를 중광했으니, 여러 모로 밀접한 관계를 가졌을 법하다. 『대종교 중광60년사』에는 대종교의 중광에 기여한 인물 44인이 간략하게 소개되어 있다. 여기에는 윤세복이 작성한 조완구의 대종교와 관련된 이력이 실려 있다. 조완구의 교명教名은 량亮으로 1881년 3월 20일 경성에서 탄생하여, 30세인 1910년 10월 18일에 대종교 시교사로 선임된 것으로 나와 있다. 이후 조완구는 대종

신규식

교 안에서 다양한 직임을 수행했다. 규칙기초위원(1910년 12월 6일), 참교(1911년 1월 15일), 지교(1911년 윤6월 24일), 상교(1914년 5월 5일)를 역임한 것이 그중 일부이다.

조완구는 대종교를 중심으로 활동하다가 1914년 대종교 인사들이 만주로 이동할 때 북간도로 향했다. 70이 된 노모와 아내, 3남매를 남겨 둔 채 망명했다. 처음 간 곳은 북간도의 용정이었다. 북간도로 간 것은 대종교 총본사가 그곳에 있었기 때문이다. 활동 범위는 북간도에만 국한되지 않았다. 조완구는 러시아령의 블라디보스토크로 가서 대한국민의회에도 참여했다. 대한국민의회는 그 지역 독립운동가들이 전로한족회중앙총회를 체코슬로바키아의 국민의회를 모델로 확대 개편한 것으로 전한다. 그는 이 국민의회에서 이동녕·조성환 등과 함께 상설의회 의원으로 선임되었다.

북간도 지역에서는 중광단·정의단·북로군정서 등 대종교 계열의 인물이 독립운동을 이끌고 있었다. 조완구는 만주에서도 이후 중국 내륙의 상해 등지에서도 대종교 의식을 일상화했다. 그의 대종교 활동은 독립운동의 일환이었다. 그 점은 당시 대종교에 입도한 신규식·조소앙·안재홍·박은식·이시영·이회영·김구·박찬익·민필호·김두봉·정인보 등도 마찬가지였다.

후일 신규식은 상해에서 활동할 당시 "한국민족의 부흥은 반드시 대종교가 발전하는 데 있다"고 했다. 조완구와 신규식 등은 김백연·백

대종교

순·박찬익·정신 등과 매주 단군에 예배를 올렸다. 어천절(3월 15일)과 개천절(10월 3일)에 경축식을 행하고, 국치일(8월 29일)에 침통한 의식을 행했다. 대종교 의식은 해외 망명 시절 독립운동가들의 일상에서 잘 지켜지고 있었다. 가령 신규식은 더위나 추위를 불문하고 아침에 일어나면 단군 성상에 묵념과 기도를 했으며, 이순신 장군의 시(誓海魚龍動, 盟山草木知)를 읊으며 근신하고 각오를 다졌다고 한다. 그와 같은 대종교의 의식이행은 조국을 떠나 상해로 몰려든 청년들에게 깊은 인상을 주었다. 민필호는 이렇게 증언한다.

> 국내에 계실 때 선생(신규식)께서는 은인인 대종교의 종사宗師 나홍암(이름은 철) 선생에게 세례를 받고 대종교를 심히 독신篤信하셨다. 상해에 오신

후 선생께서는 우선 대종교를 포교하셨고 매주 반드시 교우들과 예배를 올리었다. 당시 이 대종교를 영도한 분은 선생을 제외하고 조완구·김백연·백순·박찬익·정신 등 여러 분이었고, 매년 3월 15일 어천절과 10월 3일 개천절 및 8월 29일 국치일에는 선생께서 반드시 상해에 있는 모든 한국교포를 모아 성대한 기념식을 거행하여 침통한 기념을 하셨다.

이처럼 대종교는 독립운동의 주요한 구심점이었다. 대종교인들의 생각은 단군을 받들고, 홍익인간 사상을 중심으로 민족의 정신을 바로 세우고 나라를 일으키자는 것이었다. 그들은 전통 학문을 깊이 연구하고 국학운동에도 많은 관심을 기울였던 이들로, 양반관료였거나 군인·학자 출신 인물이 많았다. 이시영·이회영·신규식·조소앙·박은식·신채호·박찬익 등이 그들이며, 조완구도 그러했다. 이들 중 8·15광복까지 살아남은 이들은 서울 종로구 필운동의 한미장과 대종교총본사를 오가며 대종교 부활에 많은 힘을 쏟았다. 대종교인의 독립운동과 대한민국 임시정부 참여는 대한제국과 대한민국의 정신적 연결장치였다.

대종교는 귀국 이후에도 조완구의 정신적 지주였다. 미국이나 중국에서 귀국한 다른 인사도 대부분 마찬가지였다. 광복 이후에 대종교는 한국민을 결속시킨 든든한 울타리였다. 오늘날 개천절 10월 3일이 대종교의 기념일임은 깊이 음미해 볼 부분이다. 한때 단기가 사용되었던 것이나, 오늘날 국경일로 정해진 개천절도 사실은 대종교와 대종교인의 역할로 가능했다. 단기 사용과 개천철의 제정에 대해 미국에서 온 이승만, 중국에서 온 김구 누구도 이의는 없었다. 광복 직후 남한에서 적어도 단군은 종파를 초월한 존재였다.

대종교의 지도자 나철의 순국

나철

만주에 머물 당시 조완구는 독립운동사에 주요한 두 인물의 장례를 진행했다. 대종교의 지도자 나철과 해외독립운동의 선구적 지도자인 이상설이 그들이다. 1910년 단군교에 침투한 일본의 손길을 벗어나 나철은 교명을 대종교로 바꾸었다. 이후 국권상실로 국내활동이 어려워지자 만주로 이동하여 활동을 했다. 1910년 북간도지사를 설치하고 청산리에 시교소를 세웠다. 1912년에 박찬익·박승익·현청묵·백순·조창용·기길 등이 화룡현을 중심으로 포교활동을 했다. 그러나 거기서도 일본 측의 탄압이 가해지자 1914년에 청파호로 대종교총본사를 이전했다.

나철은 백두산에 대종교의 거점을 마련한 후 이듬해 대종교의 신관神觀을 삼신일체의 원리로 설명한 『신리대전』을 발간했다. 그런 한편 강화도 마니산 제천단祭天壇과 평양의 숭령전崇靈殿을 순방하고, 만주 화룡현 청파호에 교당과 지사를 설립했다. 이렇게 나철이 대종교의 확장을 꾀하자 일제는 종교통제안(1915)을 공포하여 대종교를 불법화했다. 대종교에 대한 탄압이 다시 시작되었다.

대종교 교단이 위기에 봉착하자 나철은 1916년 9월 환인·환웅·단군의 삼신을 모신 구월산으로 이동했다. 그곳 삼성사에서 나철은 유서

서일 묘지

를 남기고 조용히 생을 거두었다. 자신이 세상을 떠나는 이유를 유서에 밝혀 놓았다. 이때 조완구는 대종교의 총본사 부전교로 나철의 유언을 받들어 유해를 청파호로 모셔와 안장했다.

오늘날 대종교에서는 나철이 운명한 음력 8월 15일을 가경절嘉慶節이라 하여 4대절四大節의 하나로 기념한다. 4대절에는 개천절·어천절·중광절(음력 1월 15일) 등이 포함된다. 어천절은 한배검이 한울의 본자리로 오른 날, 중광절은 대종교를 다시 연 날, 가경절은 나철이 하늘나라로 돌아간 날이다.

콜로라도 주 덴버 시에서 열린 애국동지대표자회의 이후 이상설은 정재관과 함께 블라디보스토크로 돌아왔다. 이후 한인지도자들을 규합하여 독립운동의 기반을 닦아 나갔다. 원동임야주식회사를 설립하고, 중·러 접경지대 항카호 주변을 개척했다. 영남의 저명한 유학자 이승희가 뜻과 힘을 합쳤다. 이후 연해주와 북간도 의병을 규합하여 13도의군을 조직했다.

1910년 8월 국권이 상실되자 이상설과 유인석은 고종에게 상소를 올렸다. 고종에게 군자금의 지원, 블라디보스토크로의 망명, 독립운동의 영도 등을 요청하는 내용이었다. 당시의 정세로 보아 이의 실현 가능성은 희박했지만 의미는 있었다. 이후 이상설은 유인석·이범윤 등과 블라디보스토크에서 성명회를 조직했다. "적의 죄를 성토하고 우리의 억울함을 밝힌다"는 취지로 대한의 광복을 맹세코 성취할 것을 목표로 삼았다.

이들은 「성명회 취지문」을 통해 일본의 국제공약 배신을 규탄했고, 각국에 '합병무효'를 선언하는 전문과 「성명회 선언서」를 보냈다. 선언서에는 이상설·유인석·이범윤·정재관·이남기 등 한인지도자를 포함하여 한인 8,624명의 서명이 들어 있었다.

1910년 무렵 연해주 지역 한인들은 20여만 명을 헤아렸다. 아무르강 연안의 주요 도시를 근거지로 한인부락을 이루고 있었다. 한인이 가장 많았던 곳은 블라디보스토크, 이곳에 '신한촌'이 형성되어 연해주 독립

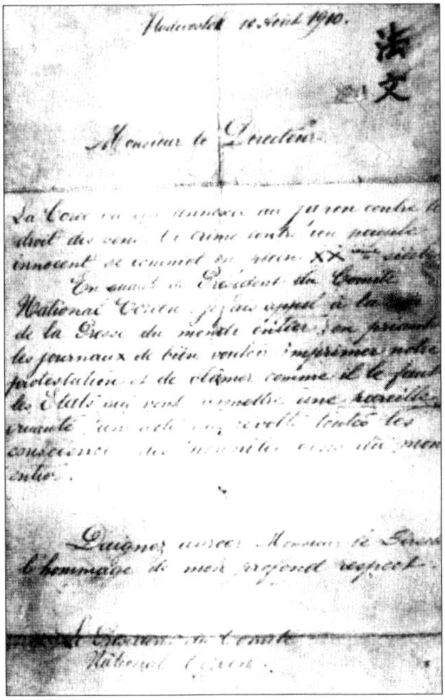

성명회 선언서

운동의 중심지가 되었다. 성명회가 활발히 움직이자, 일본 당국은 제2회 러일협약을 내세워 러시아 측에 이상설·유인석·이범윤 등의 체포와 인도를 요구했다. 그동안 호의적이었던 러시아 당국은 이상설을 비롯하여 성명회와 13도의군의 요인 42명을 체포했다. 이범윤 등을 이르쿠츠크로, 이상설은 니콜리스크로 각각 추방했다. 13도의군과 성명회는 이렇게 붕괴되었고 한인들의 단체활동도 금지되었다.

이듬해 풀려난 이상설은 1911년 블라디보스토크로 돌아왔다. 이때 함께 풀려난 이들이 재집결하여 세운 것이 권업회勸業會이다. 회장에 최재형, 부회장에 홍범도가 선임되었다. 권업회는 연해주와 간도에서 활동하던 인물들이 참여하면서 급속히 성장했다. 그해 12월 총회에서 이상설을 의사부 의장, 이종호를 부의장에 선출했다. 권업회는 실업활동을 표방하고 이를 권장하는 한편, 한인의 교육과 정치·경제 지위향상을 도모했다. 1913년 10월 2,600명에 달했고, 1914년에 8,579명에 달했다.

권업회는 비밀리에 광복군을 양성하고 있었다. 1913년 동북만주 나자구羅子溝에서 이종호·이동휘·김립金立 등이 대전학교大甸學校를 운영하고 있었다. 일본 측 문서에는 "블라디보스토크의 사범학교 공지空地에서 훈련한 병력이 29,365명, 총기 13,000정과 탄약 50만을 수장하고 있다"고 했다. 이상설 등은 러일전쟁에서 패배한 러시아가 언젠가 일본과 전쟁을 하여 승리하는 때가 잃어버린 한국의 국권을 회복할 기회라고 여겼다.

신한촌의 여인들(1910)

대한광복군정부의 등장과 이상설의 운명

한편 러시아가 일본과 전쟁을 일으킬 것이라는 풍문이 나돌자 만주와 노령에서 활동하던 독립운동가들의 기대는 컸다. 러시아가 일본과 전쟁을 하는 기회를 이용, 한인의 민족의식을 높이고, 광복군 자금도 마련하고자 광복군정부 설립을 꾀했다. 이상설은 이동휘·이동녕 등과 1914년 연해주와 북간도의 독립운동자들을 규합하여 한국의 역사상 '최초의 망명정부'인 대한광복군정부大韓光復軍政府를 세웠다. 이상설이 정도령正都領

에 추대되었다.

대한광복군정부는 일본과의 전쟁을 준비하고자 했다. 드디어 1914년 7월 제1차 세계대전이 발발하여 기회가 오는 듯했다. 그러나 기대했던 러시아는 일본과 싸우지 않고 오히려 동맹국이 되었다. 더욱이 러시아는 연해주 한인지도자들을 체포하고 추방했다. 권업회의 신문인 『권업신문』을 정간시키고, 한인의 정치·사회 활동을 금지시켰다. 이렇게 하여 대한광복군정부가 치명타를 입고 와해되자 이상설은 커다란 충격에 휩싸였다.

이후 상해의 신규식·박은식 등은 북경의 유동렬·성낙형 등과 함께 1915년 신한혁명당新韓革命黨을 결성했다. 당의 본부를 북경에 두고, 재정부·교통부·외교부를 두었다. 이때 이상설은 당의 본부장에 추대되었고 박은식이 감독에 선임되었다. 그러나 이 무렵 이상설은 심신이 과로와 좌절로 지쳐 쓰러져 눕게 되었다. 1916년 초 하바로프스크에서 몸져눕게 되었다. 동지들은 이상설을 따뜻한 니콜리스크로 옮겨 정양케 했으나 때가 늦었다.

전년도에 나철의 유해를 봉환했던 조완구는 이동녕·백순·이민복 등과 함께 이상설의 마지막을 지켰다. 회복이 어렵다고 판단한 이들은 국내로 은밀히 연락을 취하여 이상설의 아내와 아들을 노령으로 급히 불러들였다. 부부와 부자가 가까스로 10년 만에 상봉했다. 이후 아내와 아들은 이상설을 극진히 보살폈다. 그러나 그런 보람도 없이 이상설은 두 달 뒤 눈을 감았다. 임종을 지키던 동지들에게 이상설은 이렇게 유언했다.

"나라를 잃은 사람에게 무슨 무덤이 필요한가. 유해를 화장하여 강에 뿌리고, 나의 유품은 불태우라."

조완구는 독립운동의 대선배 이상설의 장례를 모셨다. 이상설의 유언대로 이동녕과 함께 이상설의 유해를 화장하여 수분하에 뿌리고, 유품은 소각했다. 민영환·나철과 함께 조완구의 정신적 지주이자 독립운동의 대선배인 이상설은 그렇게 세상을 떠났다. 후일 조완구는 이상설의 전기를 썼다. 이상설의 생애와 독립운동 과정을 깊이 알고 있었기 때문이다. 현재 이상설의 고향 진천에는 이상설의 사당과 부부의 합장묘가 있다. 한 줌의 흙으로 돌아온 그의 넋이 부인의 유해와 함께 잠들어 있다.

06 무너지는 가정과 아내 홍정식

조완구의 아내와 가정의 비극

조완구가 대종교를 중심으로 독립운동을 하는 과정은 고난의 연속이었다. 이회영이나 이상룡 등 솔가하여 망명한 경우도 말할 수 없이 어려웠지만, 가족을 국내에 남겨두고 단신으로 떠나와 독립운동을 하는 경우도 어렵기는 마찬가지였다. 조완구의 고난과 고독 뒤에 더 고통스러웠던 것은 아내 홍정식과 늙은 모친 그리고 자녀들이었다.

조완구가 망명한 지 3년째. 아내는 만주의 소식을 대종교 관계 사람들을 통해 이따금 접했다. 들리는 소식은 국내 가족의 마음을 부풀게도 했다. 많은 동포들이 이주해 살고 있고, 땅도 넓고 비옥하여 옥수수 등 무엇이든 심기만 하면 수확이 절로 이루어지는 곳, 배고픔도 면할 수 있는 곳이 만주라 했다. 무엇보다 시시로 집에 들이닥쳐 행패를 부리는 헌병보조원의 시달림을 받지 않을 수 있다는 것이 가족의 마음을 움직였다.

37세 한창 나이의 아내는 대장부도 마음먹기 어려운 결심을 했다. 아

한·만국경의 한국인 월경자를 철저하게 검문 검색하는 일본군 국경경비대

직도 여인네들은 가마 타거나 장옷 쓰고 거리를 다니던 때, 오로지 남편을 만날 수 있으리라는 기대 하나로 늙은 시어머니와 아들 하나, 두 딸 이렇게 네 사람을 이끌고 만주의 북간도로 향했다. 그때가 1917년 봄. 가는 길은 멀고도 험했다. 서울에서 삼등열차를 타고 원산으로, 다시 3등 화륜선을 타고 청진으로, 또다시 무산령까지, 이어 두만강을 건너 간도의 투도구를 거쳐 아내와 가족은 천신만고 끝에 용정촌에 도착했다. 노래 「선구자」에 나오는 '해란강'과 '일송정 푸른솔'이 있는 바로 그곳이었다.

헤어진 지 3년 만에 드디어 부부는 상면했다. 그러나 부부는 불과 한 달 여 뒤 다시 이별해야만 했다. 독립운동의 형편상 조완구가 현지 동지들과 함께 블라디보스토크로 떠나야 했기 때문이다. 간도땅에 아무런 보호 장치도 없이 가족들을 그대로 남겨둔 채였다. 17세 된 아들을 제외하면 아내에게는 다섯 살 내외의 두 딸, 오늘내일을 기약할 수 없는 칠순 노모뿐이었다. 이때의 이별이 늙은 모친과는 물론, 아내와 아들과도 마지막이었다.

비극은 오래 기다리지 않았다. 그가 떠난 얼마 뒤 꾸어쓴 돈을 갚고자 인근에 심부름을 보낸 아들 남규南圭는 아무리 기다려도 돌아오지 않았다. 동네 사람들이 수색에 나섰지만, 입고 간 두루마기가 발견된 것 외에는 종적이 묘연했다. 가죽가방과 몇푼의 돈을 탐낸 강도의 소행으로 보였다. 서울에서 중앙학교를 나와 '한성공업전수학교' 요업과 일학년을 마친 상태였다. 점심이라곤 먹어 본 적 없이 고학하던 아들이었다. 국내에 남아 학교를 마치겠노라고 울고불고 떼쓰는 아이를 억지로 데리고 온 것은 아내였다. 이후 매년 6월이 오면 아내는 하염없이 울었다. 꿈결에도 '어머니'하는 소리에 문을 박차고 나가 밖을 두리번거리곤 했다.

독립운동가들은 대부분 자기 일 때문에 '불효자'가 될 수밖에 없었다. 조완구도 예외는 아니었다. 아들을 이제나 저제나 기다렸을 노모는 세상을 떠나기 전에 한동안 치매증상까지 보였다. 결국 1923년 정월 5년여의 와병 끝에 세상을 떠났다. 어린 두 딸을 데리고 노모를 모셔야 하는 아내의 고충은 말이 아니었다. 가족 중에는 며느리와 큰 손녀만이 장례식을 지켜보았다. 노모의 유해는 화장하여 해란강에 뿌려졌다.

서울에서 가족을 이끌고 남편을 찾아 만주까지 찾아온 아내였다. 그러나 남편은 독립운동한다고 멀리 떠나고 생때같은 아들은 어이없게도 종적 없이 사라지고, 아들을 그리다 누워 버린 노모는 와병 끝에 세상을 떠났다. 허허벌판 만주에 남겨진 식구는 어린 두 딸뿐, 아내의 일상은 고단하고 눈물겨웠다.

그러나 아내는 강인했다. 뼈를 깎는 슬픔과 고난을 뒤로하고, 두 딸을 길러내기 위해 이를 악물었다. 벌레 먹은 콩을 골라내는 일, 톱밥과 대팻밥을 거두는 일, 동업 형식의 장사로 판매원 역할도 했다. 그렇게 고생하다가 마침내 '싱거미싱' 한 대를 월부로 들여놓고 삯바느질을 시작했다. '서울댁'이라 불린 아내는 솜씨가 뛰어났다. 소문이 나니 일감도 밀려 들었다. 눈이 부르트도록 잠도 못 자고 날 새는 일이 허다했다.

그러던 어느 날 아내는 머리카락을 자르고 남자처럼 단발을 했다. 큰딸이 통곡을 했지만, 아내는 담담하게 답했다.

"우리같이 혼자 살며 바쁜 생활에다 시간이 쫓기는 여자에게는 매일 머리를 매만지고 얼굴을 다듬는 것은 생활의 불편과 시간낭비이다. 누구를 위해 화장을 하고 머리를 매만질까 보냐. 무엇 때문에 아까운 시간을 허비할 것이냐."

그녀는 열심히 돈을 모았다. 자매를 현지의 학교에 보내며 땅을 사고 주식을 샀다. 믿을 만한 사람의 권유로 제정러시아의 화폐를 싼 값으로 사기도 했다. 그러나 레닌의 혁명이 성공하여 제정러시아가 붕괴할 거라

단발한 부인 홍정식(가운데)

고는 당시로서는 예상치 못했다. 결국 애써 번 돈이 하루아침에 휴지조각이 되는 낭패를 맛보아야 했다. 그래도 남은 것이 있다면, 아내의 억척과 용단으로 두 딸이 용케 교육을 받아 어엿하게 성장한 것이다.

고국을 떠나 온 지 8년의 세월이 흐른 1924년 친정아버지(홍승목)가 위독하다는 소식이 들리자 아내는 잠시 국내를 다녀왔다. 과년한 딸의 출가와 둘째 딸의 장래도 생각했다. 얼마 후 친정아버지가 세상을 떠났다. 같은 시기에 시어머니 탈상도 마쳤다. 오십이 되도록 재봉틀과 씨름하던 아내는 두 딸과 함께 용정을 떠나 귀국했다. 9년 전 올 때는 다섯 식구였지만, 장대 같은 외아들과 늙은 모친을 잃고 세 모녀만 서울로 돌아왔다.

아내는 다시 삯바느질로 생계를 이어가며 셋집을 전전했다. 낙원동·계동·재동·가회동·익선동·계동을 맴돌다가 마침내 원동에 작은 보금자리를 마련했다. 큰딸과 작은딸도 다시 학교에 보냈다. 작은딸은 1926년 3월 진명여자고등보통학교에 입학했다. 월사금이 밀려 애를 태우기도 했다. 교무실로 호출되어 울먹이며 사정을 말하던 작은딸은 이유를 캐어묻는 담임 선생님 앞에서 "아버지는 일찍이 집을 나가 행방불명이라서……"라고 울먹이며 말하다가 의식을 잃고 졸도하자 딱한 사정을 살핀 일본인 담임 선파무평仙波武平의 도움으로 가까스로 학업을 마칠 수 있었다. 엄혹한 시대였으나 그래도 어느 한 켠에는 인간들이 있었다. 따지고 보면 고통받는 한국인이나 역시 같은 시대에 태어나 군국주의 체제하에서 기갈에 허덕이며 자신들보다 더 비참한 한국인들을 바라보는 보통의 일본인 모두 시대의 희생양이기는 마찬가지이다.

조완구의 부인과 딸(전남 강진)

07 3·1운동과 대한민국임시정부의 탄생

광무황제의 붕어와 독살설

일본이 대한제국을 강점한 지 어언 10년, 한반도 전역에서 발생한 사건이 세계인을 놀라게 했다. 이태왕(대한제국의 광무황제 고종)의 장례를 목전에 둔 1919년 3월 1일 33인 민족대표의 이름으로 발표된 독립선언과 그에 이은 전국의 독립만세운동이 그것이다. 서울과 평양 등 대도시를 중심으로 지방 각지로 번져 나간 독립만세운동에는 남녀노소·직업·종교·지역을 불문하고 지식인·농민·상인·학생·노동자·기생 등 모두가 참여했다.

3·1만세운동의 근본 원인은 근 10년에 걸쳐 한민족에게 행해진 일본의 차별적이고도 강압적인 식민통치와 그로 인한 고통과 불만 때문이었다. 조선총독부가 헌병경찰을 통해 무단통치를 해온 것이 한국인의 불만과 자주독립에 대한 열망을 고조시켜 온 바탕이었다. 거기에 제1차 세계대전 종결과 함께 대두된 새로운 사조와 내외사건이 이 운동의

불씨가 되었다. 1918년 1월 미국 대통령 윌슨이 주창한 민족자결주의, 1917년의 러시아혁명, 1919년 2월 8일 동경 재일유학생의 독립선언 등이 그것이다. 그러나 이 모두를 넘어선 강력한 자극제는 1919년 1월 21일 고종이 덕수궁에서 돌연히 죽음을 맞이한 일이다.

1907년 황제 자리에서 강제로 물러난 고종은 덕수궁에 연금되어 고독하게 지내고 있었다. 그러나 이면으로는 해외 망명인사들이나 국내 항일운동세력과 은밀히 연락을 취하고 있었다. 이회영의 기록 등에서도 그런 단서가 엿보인다. 즉, 고종을 해외로 망명시켜 독립운동의 구심으로 삼고자 한 것이다. 그러나 이런 움직임이 총독부에 포착되었고, 이에 궁중의 내시와 궁녀 등을 사주하여 식혜에 독을 타서 고종을 독살시켰다는 것이다.

평소 고종은 건강했고, 며칠 전까지도 아무 이상이 없었다. 그런데 갑자기 전날 발병하여 다음날 돌아가신 것으로 공표되었다. 상황이 돌발적이다 보니 걸어서 불과 반 시간이 되지 않는 거리의 창덕궁에 있던 이왕(순종)조차 임종을 지키지 못할 정도였다. 그래서 등장한 것이 고종의 독살설이다. 고종의 염습에 참여했던 민영휘 등 몇몇 인사도 독살설이 신빙성이 있음을 더해 주고 있다. 즉 고종의 염습 당시 신체에 이상반응이 나타났다는 것이다. 칠규七竅로 피를 흘렸고, 유해는 초에 절인 것처럼 물렁물렁했으며, 피부는 푸른빛을 띠었다고 했다. 이 모두 독살되었을 경우 나타나는 의학적인 증상이었다.

역사학자이자 대한민국임시정부 대통령이었던 박은식, 3·1운동 당시 33인 민족대표의 한 사람인 이종일, 독립협회회장을 지낸 윤치호,

1919년 '파리장서사건'의 주요 인물인 김윤식 등의 기록에도 나타나 있다. 그외 이런저런 야사에서는 고종이 독살된 과정까지 묘사하고 있다. 이완용이 궁중의 한상학이란 인물을 사주하여 식혜에 독을 넣었고, 이를 마신 고종이 즉사했으며, 이에 놀라 식혜를 마신 궁녀도 현장에서 즉사했다는 것이다. 최근 덕혜옹주가 어렸을 때 '고종이 독살당했다는 이야기를 들었다'는 기록이 발굴되기도 했다.

100년이 다 된 현재 어디까지가 진실인지 확인할 방도는 없다. 그러나 고종의 죽음에 여러모로 의문이 남는 것은 사실이다. 『고종실록』에 고종이 붕어하기 단 하루 전 발병한 것으로 기록된 것도 이상하고, 총독부 측이 붕어 사실을 즉각 알리지 않은 것도 의아하다. 더욱이 혈육 중 단 한 명도 고종의 임종을 지키지 못한 것, 갑자기 죽음을 맞은 것도 그러하다. 이종일은 고종이 운명한 다음날 일기에 이렇게 기록하고 있다.

> 어제 고종이 일본에 의해 독살당했다. 이것은 무엇보다 대한인의 울분을 터뜨리게 하는 일대 요건이 아닐 수 없다. 왜냐하면 그동안 몇몇 국민을 만나니 전부 고종황제의 독살건으로 격분·절치부심하고 있기 때문이다.

이종일은 3·1만세운동 당시 33인 민족대표의 독립선언문을 인쇄하여 배포하는 일을 담당했던 보성사의 사장이다. 이종일은 황제가 독살되었다고 여겼고, 이것이 대한인의 분노를 일으켜 모두가 절치부심하고 있음을 밝히고 있다.

3·1운동이 발발한 바로 다음날도 이종일은 이렇게 말했다.

"3·1독립만세운동은 이태왕의 독살사건이 더 큰 자극제가 된 것이다. 헌병경찰통치의 만능주의가 전체 대한인의 적개심을 불러일으키는데 큰 동기가 된 것이다."

헌병경찰제에 의한 식민통치가 한국인들의 일본에 대한 적개심을 불러일으켰고, 황제의 '독살사건'이 만세운동의 큰 자극제였음을 말하고 있다.

그는 3·1운동 발발 당일 경찰에 연행되어 수감되었다. 그 이틀 뒤인 3월 3일은 황제의 국장일이었다. 감옥에 수감되어 있던 그는 일본 측에 의한 고종과 명성황후의 비극을 이렇게 비통해하고 있다.

> 황제의 국장일, 조용히 명복을 빌었다. 이날은 심문도 없었다. 파란만장한 그 분의 70 평생이었다. 12세에 등극한 이후 우리나라 근대사의 변천과 함께 산 증인이 되었는데, 그 최후가 이렇게 비통할 수가 있는가. 민후께서 일본인 낭인배에게 참혹하게 죽임을 당하셨는데, 이제 황제께서도 역시 일본인의 하수인에게 독살당하시다니 이게 무슨 운명의 장난인가?
>
> 『묵암일기』 1919년 3월 3일

독살설의 진위는 여전히 미궁에 빠져 있지만, 고종도 명성황후도 일본의 침략에 희생된 것은 사실이다. 그들은 조선의 왕과 왕비이자 대한제국의 황제, 황후이니 개인의 비극에 그친 것이 아니었다. 그들의 희생은 한국과 한민족 전체의 희생으로 여겨졌고, 그런 인식이 고종의 장례에 즈음하여 독립만세운동의 기폭제였음을 명시하고 있는 것이다.

3·1운동의 발발과 그 파장

3·1운동은 일본의 한국에 대한 식민통치를 부정하고, 한민족의 절대독립을 요구한 비폭력 민족운동이다. 3·1운동은 국제사회에 일제에 의한 식민통치의 참상을 널리 알리는 계기가 되었고, 한민족의 존재를 세계에 확인시키는 계기가 되었다. 「독립선언서」의 공약 3장에는 "최후의 일인까지 최후의 일각까지 민족의 정당한 의사를 쾌히 밝히라"했다.

3·1운동은 비폭력 평화시위운동으로 시작되었지만, 일본군과 헌병의 탄압이 강경해지고 폭압적으로 되어 가면서 무력충돌도 산발적으로 일었다. 당시 널리 알려진 사건으로 '수원제암리학살사건'이 있다. 스코필드 박사 등 영·미와 캐나다 선교사들이 현장을 직접 방문하여 조사하고, 학살사건의 내막과 3·1운동의 진상을 해외에 알려 충격을 주었다.

학자들은 3·1운동을 한국사상 최대·최고의 민족운동으로 평가한다. 각기 분산되어 추진되던 민족운동이 이를 계기로 결집되었기 때문이다. 러시아(노령정부), 중국(상해임시정부), 국내(한성정부) 등지에 임시정부가 탄생했고, 이후 해외 한민족 독립운동의 구심점이 되었다. 그 결과 3·1운동은 한국 역사상 최초로 민주공화제 정부를 망명정부의 형태로나마 탄생하게 한 원동력이 되었다. 이런 까닭에 오늘날 대한민국헌법에서 대한민국은 3·1운동으로 건립된 대한민국임시정부의 법통을 이었음을 전문에 강조하고 있다.

독립만세운동이 세계에 미친 영향은 적지 않았다. 중국의 5·4운동에 영향을 끼쳤고, 인도에서는 마하트마 간디가 '사티야그라하Satyagraha'(진리수호)를 외치며 비폭력 비협조운동을 펼치는 데 영향을 끼쳤다고 한다. 나아가 1919년 베트남의 독립운동, 이집트 카이로 대학생들의 독립운동, 필리핀의 독립운동 등에도 영향을 끼친 것으로 주장된다. 그래서인지 '인도의 시성詩聖' 타고르는 한국을 '미래를 밝혀 줄 동방의 등불'이라고 했다.

이처럼 3·1운동은 세계인의 한국관을 바꿔 놓았다. 대한제국이 멸망할 때 한민족이 침략하는 적국에게 주먹 한 방 날리지 못했다고 조롱한 서구 정치가도 있었다. 방자한 망언이었지만, 적에게 주먹 한 방 날릴 여력도 없이 일본의 압도적 물리력과 이를 묵과한 열강의 담합으로 속수무책인 채 당할 수밖에 없었던 것이 대한제국의 형편이었다. 그러나 어느 민족이나 영고성쇠는 있고, 자긍심과 혼이 있게 마련이다. '5천년 역사'를 꾸려 온 한민족은 나약하지 않았다. 그 대표적 증거가 3·1독립만세운동이고, 27년간 임시정부를 중심으로 지속된 국내외의 독립운동이었으며 실력양성운동이었다.

대한민국임시정부의 탄생

3·1만세운동 전후로 국내와 상해·만주·일본·블라디보스토크 등지에

블라디보스토크 임시정부 요인

서 활동하던 한인들이 이전과 다른 움직임을 보였다. 그 결과 7~8개처에 임시정부 혹은 유사 단체가 등장했다. 먼저 1919년 2월 여운형이 상해에서 블라디보스토크를 방문했다. 장차 세울 독립운동의 중앙기관을 어디에 둘 것인지 의견이 분분했다. 조완구는 "중앙기관은 국제도시인 상해에 두어야 한다"고 주장했다. 얼마 후 조완구는 이동녕·조성환·김동삼·조소앙 등과 상해로 이동했다

당시 상해에는 국내외 각지에서 모여든 근 1,000여 명의 인사들이 집결해 있었다. 1912년부터 이미 신규식·박은식 등이 주축이 되어 동제사가 활동하고 있었다. 동제사란 '동주공제同舟共濟'란 뜻이니 한 마음 한 뜻으로 같은 배를 타고 민족의 광복을 이루자는 것이었다. 신규식

임시정부 직원일동(1919)

임시정부 상해청사(1919)

파리강화회의 개회식(1919년 1월 18일)

은 중국으로 망명한 한인청년들의 독립사상 고취와 그의 실천을 위해 1913년 박달학원博達學院을 설립하여 장차 중국 및 구미 유학을 통해 독립운동의 중추가 될 인재양성에 주력했고, 1915년에는 김규식·김철·서병호·선우혁·조동호·문일평·정인보·신채호·조용은·장덕수 등과 '신한청년당'을 결성했다.

동제사는 제1차 세계대전이 종결되고 국제질서가 재편되는 기회를 활용, 한국의 독립을 추구하고자 신한청년당을 후원하여 김규식을 파리강화회의에 파견하는 한편, 국내외 각지에도 연락을 취했다. 1917년 이회영·신채호 등이 국내를 다녀온 데 이어, 박찬익이 국내로 잠입하여 안재홍·박영효 등을 만났고, 정두화·윤영소 등을 만나 도움을 청했다.

당시 박찬익은 모 은행의 간부로 있던 정두화(상해로 망명하여 활동한 김가진의 며느리 정정화의 오빠)와 윤치소로부터 도움을 받았다. 박찬익은 서울의 윤치소 집에 기거하면서 국내 사정을 살펴보았고, 해외 유학을 생각하던 그의 아들 윤보선에게는 상해를 거쳐 가도록 조언했다. 윤보선은 나중에 부친으로부터 독립운동 자금 3,000원을 받아 상해 임시정부에 전달한 뒤 신규식의 거처에 머물다가 영국으로 유학을 떠났다.

이후 3·1운동이 발발하자 국내에서는 홍진·손정도·신익희·현순 등이, 일본에서는 이광수·최근우 등이, 미국에서는 여운홍 등이 속속 모여들기 시작했다. 조완구는 신규식·이동녕·조성환·조소앙 등과 함께 한민족의 대표기구 설립을 준비하기 시작했다. 그 결과 1919년 4월 10일부터 그 다음날까지 각지에서 온 대표자회의가 열렸다. 거기서 29인의 대표를 구성했는데, 이때 조완구도 그중 한 사람으로 선출되었다. 이어 일종의 입법기관으로서 임시의정원을 개원하여 후속 작업을 추진했다. 그리하여 임시의정원 의장에 이동녕, 부의장에 손정도, 서기에 이광수·백남칠이 선출되었다.

임시의정원의 구성은 19세기 말 독립협회에서 만민공동회운동을 추진하고 의회설치운동을 하다 실패했던 사실에 비춰 감회가 새로운 일이었다. 그때는 내외 공작에 의해 의회설치운동이 좌절되었다. 하지만 이제 나라를 잃고 해외에 망명한 상태로나마 한국인에 의해 상해에 의회가 등장한 것이다. 이때 상해에 모인 독립운동가 중에는 19세기 말 독립협회운동에 참여한 인사들이 적지 않았다. 이승만은 물론 박은식·신채호·안창호·이동휘 모두 그러했다. 결국 독립협회 활동 당시 추구했던 의회설치운동의 경험이 이제 임시의정원의 활동을 통해 새로 탄생한 임시정부에 반영되어 나갈 상황이 된 것이다.

마침내 4월 11일 상해의 프랑스 조계 내에서 대한민국임시정부의 수립을 결정하고 13일에 이를 공포했다. 이동녕이 임시의정원 의장으로 주요 안건을 의결했다. 먼저, 국호가 대한민국으로, 연호가 대한민국 원년으로 의결되었다. 대한이란 국호는 신석우가 제창한 것이고, 여운형은 조선이란 국호를 제안했다. 여운형은 대한이란 망한 나라이니 조선으로 일어서자 했고, 신석우는 대한으로 망했으니 대한으로 부흥하자고 했다. 그 결과 중론에 의해 대한이 결정되었다. 다음으로 임시정부 각료를 선출했다. 국무총리에 이승만, 내무총장 안창호, 외무총장 김규식, 법무총장 이시영, 군무총장 이동휘 등이 결정되었다. 그다음으로 임시정부의 기본법인 임시헌장을 제정했다.

한편 당시 국내외에는 8개의 임시정부가 등장하고 있었다. 정부 형태의 윤곽을 구비한 것으로는 노령의 국민의회(대통령 손병희, 부통령 박영효, 국무총리 이승만), 국내의 한성정부(집정관 총재 이승만, 국무총리 이동휘), 상해의 임정(국무총리 이승만) 등 3곳이었다. 자연히 통합된 임시정부의 수립을 위한 노력이 있었고, 그 결과 1919년 9월 상해에 통합된 대한민국임시정부가 탄생했다. 정부는 상해에 두되, 국내의 한성정부를 계승한다는 것, 상해 임시정부 수립 이후 시행한 행정은 유효하다는 것, 현재의 각료는 사퇴하고 한성정부가 선임한 각료들이 정부를 인수한다는 원칙을 수립했다. 대한민국임시정부의 초대 대통령에 이승만, 국무총리에 이동휘가 선임되었다.

임시정부의 통합이 이루어지면서 대한민국 임시헌법이 개정·공포되었다. 통합된 대한민국임시정부 역시 민주공화제 정부를 취했다. 대통령제를 택했고, 정부운영은 대통령중심제와 의원내각제를 절충한 형태였다. 인민의 의무와 권리를 규정했으며, 대한민국의 입법권은 의정원, 행정권은 국무원, 사법권은 법원이 행사하도록 삼권분립이 이루어졌다.

이후 임시정부는 5차에 걸쳐 헌법 개정이 이루어졌다. 즉, 1919년의 임시헌법(제1차 개헌), 1925년의 임시헌법(제2차 개헌), 1927년의 임시약헌(제3차 개헌), 1940년의 임시약헌(제4차 개헌), 1944년의 임시헌장(제5차 개헌)이 그것이다. 그에 따라 정부 형태도 5차례 바뀌었다. 기본 골격은 의원내각제를 추구하고, 대통령중심제, 국무령제, 집단지도체제, 주석제, 주석·부주석제로 변천을 보였다. 이 과정에서 대한제국 당시 관료로 국가운영에 참여한 경험이 있던 이는 조완구와 이시영 등 몇몇 인사뿐이었다. 조완구는 이시영과 함께 끝까지 임시정부와 운명을 함께하면서 임시정부의 주요 업무를 입안·의결했다.

08 대한민국임시정부를 지키려는 조완구

구황실에 대한 우대를 주장하다

1919년 4월 대한민국임시정부가 상해에서 출범할 때 임시헌장은 민주공화제를 기초로 한 것이었다. 한국사상 처음으로 등장한 민주공화제 임시정부인 셈이다. 그런데 그런 정부의 헌장에 특이한 조항이 하나 들어 있었다. 대한민국임시정부의 헌장 제8조에 "대한민국은 황실을 우대한다"는 문구가 자리한 점이 그것이다.

이 문구는 바로 조완구가 강력히 주장하여 삽입하게 된 것이었다. 황실의 예우문제를 놓고 논란을 벌일 때 그는 젊은 인사들로부터 왕조시대의 구시대적 발상을 하는 인물이라는 격렬한 지탄을 받기도 했다. 그러나 그의 입장은 확고했다.

> 이왕가는 500년 동안이나 조선을 통치해 왔기 때문에 뿌리가 깊을 뿐더러 나라를 팔아먹은 것은 이완용 등 5적과 7적의 소행이다. 고종은 헤이

그에 밀사를 파견하는 등 그가 할 수 있는 데까지는 한국독립을 위하여 노력했다. 더구나 고종이 서거했을 때 헤아릴 수 없는 많은 백성들이 덕수궁 앞에 주저앉아 밤낮없이 통곡했던 일로 미루어 보아 다수 국민이 이왕가에 대한 충성심과 추모정신이 있음을 알 수 있다. 따라서 민심을 수습하기 위해서도 황실을 우대할 필요가 있다.

조규은, 『고독한 승리』

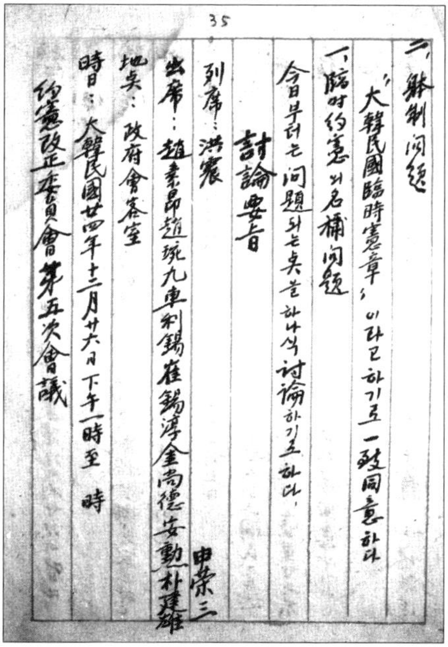
35

二, 體制問題

"大韓民國臨時憲章"이라고 하기로 一致同意하다

一, 臨時約憲의 名稱問題

今日부터는 問題되는 点을 하나식 討論하기로 하다.

討論要旨

列席: 洪震

出席: 趙素昂 趙琬九 車利錫 崔錫淳 金尙德 安勳 朴建雄 申榮三

地点: 政府會議室

時間: 大韓民國廿四年十二月廿六日 下午一時至 時

約憲改正委員會 第五次會議

임시헌장 토론회 요지

조완구가 이런 주장을 한 이유는 무엇일까? 조선조의 명문가 출신이자 대한제국의 관료 출신인 점도 생각해 볼 수 있다. 그래서 그가 여전히 왕조시대의 가치관에 젖어 있었다고 보기 쉽다. 그러나 이미 세계의 변화를 목도하고, 언론과 법학 등 근대의 학문과 조류도 직접 접해 온 그였다. 오히려 현실주의적이고 민족의 장래를 고려한 주장이었다고 생각된다. 즉, 앞 시대의 유산을 모두 부정하기보다는 상생의 입장에서 이어가자는 것이었다. 더욱이 황실과 외척의 인사들은 은밀히 독립운동에 가담하거나 후원한 인사들이 있음을 잘 파악하고 있던 조완구의 입장에서 효율적이고 현실적인 독립운동

김종진

의 방략과 맞물려 제안된 것으로 파악된다.

영국과 일본의 경우 오늘날까지도 황(왕)실의 존재를 인정하고 있다. 양국은 근대 이후에도 군주의 존재를 '군림하되 통치하지 않는 권위'의 존재로 두어 전통의 맥을 잇도록 했다. 이에 비해 소련과 중공의 경우는 근대의 전환기를 맞아 혁명적으로 황실 전통의 맥을 단절시켜 궁중의 문화를 거의 박살냈다. 그 과정이 어떠했고, 어떠한 후유증을 남겼는지는 세계가 알고 있다. 두 나라 모두 오늘날 황실문화와 전통문화를 되살리려 노력하고 있으나 그 사이에 입은 정신적 상처와 문화적 손실이 적지 않다.

흔히 '아나키스트'라고까지 지칭되는 우당 이회영의 경우도 3·1운동 발발 이전에 광무황제 고종의 해외망명을 통해 독립운동의 구심점으로 삼고자 했던 일이 있다. 이에 대해서는 이을규李乙奎가 쓴 『시야是也 김종진전金宗鎭傳』에 잘 나타나 있다.

내가 구한말부터 기미독립선언 직전까지 주로 고종황제를 앞세우려 했던 것은 왕을 다시 세우려는 봉건사상에서가 아니라 항일독립을 촉성하기 위한 방법이었다. 그것은, 한국독립 문제를 국제적인 문제로 제기하기 위해서는 국제 간에 영향력이 있는 사람이 나서야 하며, 또 국내적으로도 영향력이 있어야 하는데, 그러한 역할에는 고종황제가 가장 알맞은 분이었으므로 그런 방법을 택했던 것이다. 아마 대동단大同團의 전협全協

씨가 의친왕義親王 이강李堈 씨를 상해로 데려가려 하는 것도 같은 생각에서 일 것이다.

황실 인물 중 의왕은 해외망명을 기도하다가 일제 당국에 체포되어 미수에 그친 적이 있고, 광무황제 자신은 헤이그특사 파견 등 일본의 침략에 외교적 저항을 꾸준히 시도했으며, 때로는 비밀 독립운동자금을 해외은행에 예치시켜 독립운동자들을 돕고자 했다.

조완구가 황실에 대한 예우를 강조한 데에는 위와 같은 이유 외에도 한국인의 일반적인 의식을 고려한 점이 있다. 1919년 광무황제의 갑작스런 죽음에 처하여 수많은 전국의 백성이 서울의 덕수궁 대한문 앞에 몰려와 밤낮으로 통곡했다. 그리고 일본 측의 고종 독살설에 강력히 자극받은 전국의 한국인들이 남녀노소나 계층에 관계없이 모두가 3·1만세운동을 펼쳤다. 시대는 바뀌었지만, 여전히 황제와 황실의 존재감은 한국인에게 나름의 무게와 가치를 지니고 있었던 것이다.

국무위원 조완구의 활동-교통국 설치와 연통제 실시

3·1만세운동의 결과 상해에 임시정부가 수립되었지만, 한동안 정상적으로 가동되지 못했다. 국무총리 이승만이 미국에 있었고, 내무 안창호, 외무 김규식, 군무 이동휘, 재무 최재형, 교통 문창범 등 각 부서 총장도 대부분 상해에 없었다.

각 부 총장 중 유일하게 상해에 있던 인물은 법무총장 이시영뿐이었

진강에서 임시정부 국무위원들

기강에서 임시정부 국무위원들

진강에서 임시정부 국무위원들

임시정부 임시의정원 신년 축하회(1921년 1월 1일)

大韓民國臨時議政院第三十六次臨時議會宣言

大韓民國臨時議政院議員一同

임시의정원 제36차 임시의회 선언

다. 이에 임시의정원은 4월 22일 제2회 회의를 개최하고, 6개 부서에 위원을 두는 체제를 택했다. 이 위원회제도에 입각하여 조완구가 국무원 위원으로 선임되었다. 조완구는 5월 12일 임시의정원 회의에 출석하여 국무원 위원 자격으로 정부의 시정방침을 밝혔다.

> 외교는 대개 3방면으로 견見할지니 과거 · 현재 · 미래라. 과거에 대하여는 파리에서 8호 전보까지 내來하였는데 내용은 현정부 계속 진행에 관한 것이요. 현재는 금전 3만 불을 요구함이요. 장래 방침에는 3월 1일부터 진행하나 역사를 편찬할 것과 임시정부 선언서를 5처로 발송할 것과 정

치고문 1인, 신문고문 1인을 치置할 것이오. 재무부 현상에 대하여는 잔액이 없고 재원 방침에는 2개조로 결의되었으니 1은 매인 50전의 세금을 징수할 것이오. 2는 수의隨意로 애국금을 모금할 것이며, 교통부에는 완전한 기관을 4부로 치할 것이오. 군무부에는 계획이 별무하니 통언通言하면 내지동포에게 통유通諭를 발發하야 각오케 할 것이라 하니라.

「임시의정원 회의록」

이렇게 조완구가 시정방침으로 밝힌 것은 임시정부가 추진해 나갈 외교·재정·교통 등의 활동방향을 천명한 것이었다. 이것은 장래 임시정부가 나아갈 진로의 제시였다. 이는 후일 안창호 내무총장(1919년 7월 8일), 이동휘 국무총리(1920년 3월 2일), 신규식 국무총리 서리(1922년 3월 2일) 등이 각기 행한 시정연설의 토대가 되었다.

여기서 '파리에서의 8호 전보'란 김규식과 관련된 것이었다. 즉, 1919년 2월 파리강화회의에서 한국의 독립에 관한 관심을 환기시키고자 신한청년단 대표로 파리로 건너간 김규식은 그곳 현지에서 임시정부 외무총장으로 임명되어 활동하고 있었고, 거기에 필요한 자금 3만 달러를 송금해 달라는 요청이었다. 그러나 임시정부의 금고는 텅 비어 있었다. 다행이 5월 하순 내무총장 안창호가 재미교포로부터 거둔 2만 5000달러의 찬조금을 갖고 상해에 도착한 이후 임시정부 주변에는 생기가 돌면서 실행에 옮겨졌다. 임시사료편찬회를 구성하고, 국내와 연계하고자 교통부 산하에 교통국을 설치했으며, 내무부 주관으로 연통제를 실시하고, 독립신문을 발행한 것 등이 그것이다.

이처럼 임시정부가 출범한 이후 조완구는 국내와의 통신을 위해 교통국을 설치하는 데 중요한 역할을 했고, 임시의정원 의원에 이어 5인의 국무원 위원으로 활동했다. 이후 내무차장·노동국총판·재무총장·내무부장 등 요직을 역임했다. 한편 그는 대종교를 토대로 이유필·김구·여운형·김철 등과 교민단을 조직하여 상해 거류민의 자치와 권익 옹호를 위해서도 노력했다. 이 과정에서 미주 지역 동포와의 연계, 중국 측과의 협력 그리고 무력항쟁 등에 심혈을 기울였다.

임시정부를 유지하려는 조완구

1919년 9월 상해에서 통합되어 출발한 대한민국임시정부는 처음부터 어려움이 많았다. 우선 모든 인사가 정치적 경험과 민주주의에 대한 경험이 없었다. 출신 지역과 성장배경이 각기 다른 인사들이 처음으로 민주공화제 정부를 세워 운영하다 보니, 시행착오가 비일비재할 수밖에 없었다. 거기에다 국내를 떠나 해외에서 생활하다 보니 경험 있는 인력과 활동자금이 늘 부족했다. 자연히 운영방향과 진로를 놓고 나아가 어쩌다 확보된 독립운동자금의 우선 사용 순위를 놓고 의견이 분분해 갈등이 고조되었다.

임시정부의 인사 중 조완구는 송병조·차리석 등과 함께 임시정부의 유지를 위해 꾸준히 진력한 핵심인사였다. 3·1만세운동의 결과 한국민의 염원을 담아 출범한 임시정부를 유지하는 것이 무엇보다 중요하다고 보았다. 그 과정에서 임시정부 반대세력에 맞서 초기에는 대통령 이승만

차리석(뒷줄 가운데) · 조완구(뒷줄 오른쪽) 회갑기념

을, 후에는 주석 김구를 적극 후원했다. 독립운동 노선의 통일과 임정체제의 안정을 바라는 그의 뜻이 일관됨을 잘 보여 준다. 대한제국의 관료를 지낸 경험을 통해 정부기구의 운용상 가장 중요한 것은 신뢰와 일관성임을 인식한 결과라고 할 수 있다.

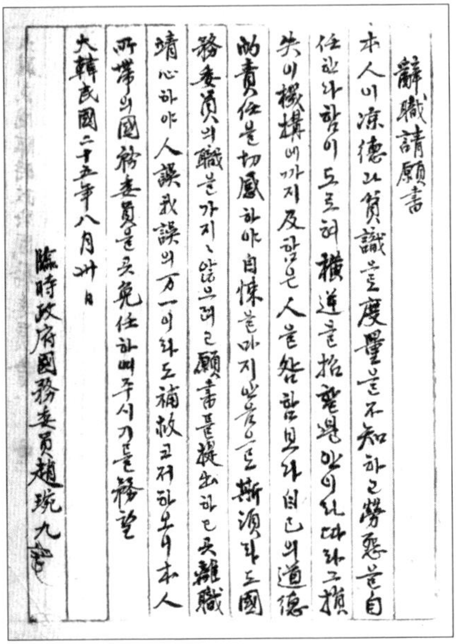
辭職請願書
本人이 涼德과 貧識으로 度量을 不知하고 勞瘁을 自任하나 함이 도로혀 橫逆을 招聚할 뿐이 안이라 그 損失이 機構에까지 及함은 人을 咎함보다 自己의 道德的責任을 切感하야 自愧를 마지 안음으로 斯須라도 國務委員의 職을 가지지 안으려고 願書를 提出하오니 곳 離職請心하야 人謀我謀의 万一이라도 補救코저 하오니 本人所帶의 國務委員을 곳 免任하여주시기를 務望
大韓民國二十五年八月卅日
臨時政府國務委員 趙琬九

조완구 임정 국무위원 사직청원서(1943년 8월 30일)

그렇다면 여러 인사들의 이런 노력에도 불구하고 27년간 지속된 임시정부 역사에서 내분이 많았던 이유는 무엇인가? 우선 소련 및 중국공산당과 일정한 연계를 가지며 활동하던 인사와 미국 혹은 중국국민당과 일정한 관계를 가지며 활동하던 인사 사이의 지속적인 대립이 있었다. 그 다음으로 목전의 항일무장투쟁과 군사노선을 우선하느냐, 외교를 통한 독립노선의 추구와 장기적으로 열강 간의 전쟁을 통한 독립의 기회를 모색하느냐 하는 선택과 집중의 문제가 있었다. 물론 이 두 가지를 동시에 추구한 경우도 있었지만, 어느 쪽도 어렵기는 마찬가지였다. 그 다음으로 평안도·황해도 출신의 서북세력과 충청도·경기 지역 출신의 기호세력, 기타 함경도·경상도 출신 등 지역적 구도도 작용했다.

이런 갈등요인에 독립운동자금의 모금과 배분문제, '위임통치청원'

으로 빌미가 된 임시정부 초대 대통령 이승만의 탄핵을 둘러싼 소요와 갈등, 레닌의 소련 측에서 이동휘 계열에게 제공한 40만 루블 지원금을 둘러싼 분규 그리고 잘 드러나지 않는 일본 측의 독립운동세력 분열공작 등등이 두루 얽혀 있었다. 결국 임시정부 인사들의 갈등은 이념·지역·방략·독립운동자금의 조달과 사용 우선 순위 그리고 일본의 와해공작 문제로 요약된다.

임시정부 출범 초기에 있었던 노령대표(문창범)의 교통총장 취임 거부, 미주대표(박용만)의 외무총장 취임 거부 등은 이와 같은 지역정서의 차이와 운동노선의 차이로 인한 문제의 일단을 잘 보여 준다. 이들이 노령·미주·중국 등 서로 다른 지역적 배경하에서 운동을 펼쳤기 때문에 처음부터 임시정부가 안정기조를 유지하기에는 어려움이 많았다. 게다가 제한된 자금과 인력 때문에 무장투쟁이냐 외교독립이냐 하는 우선노선의 선택 여부도 적지 않은 고민거리였다. 따지고 보면 하와이·미주에서 보인 이승만·박용만, 이승만·안창호 세력의 대립도 한정된 자금 등에서 비롯된 것이었다.

창조파·개조파의 갈등과 조완구의 이승만 지지

이런 상황에서 대두한 대표적인 갈등 하나가 임시정부의 개조 요구였다. 1920년 12월 임시정부의 대통령 이승만이 상해에 도착하여 일시 기대를 모았다. 그러나 임시정부의 발전에 당장 특별한 변화가 있기란 어려운 상황이었다. 그러나 막연히 대통령에 대한 기대가 컸던 만큼 점

이승만

차 임시정부와 이승만을 반대하는 기세가 높아지면서 정국수습의 기미가 보이지 않았다. 이후 야기된 갈등이 창조파와 개조파의 대립이다. 임시정부를 그대로 두되 개조하자는 개조파, 임시정부를 부정하고 새로운 기관을 설립하자는 창조파가 그것이다.

이 논란의 핵심에는 안창호와 이동휘가 있었다. 이동휘는 함경도 세력의 영수이자 고려공산당의 당수였고, 안창호는 평안도 세력의 영수이자 흥사단 단장이었다. 그에 비해 이승만은 기호파의 지지를 받는 인물이었다. 요컨대 안창호는 서북파의 핵심, 이동휘는 함경도 출신의 핵심이었다. 이승만이 상해에 도착하고 2개월 후인 1921년 2월 안창호·박은식·김창숙 등 임시정부 인사 14명이 '국민대표회'의 개최를 요구하면서, 13명의 연서로 「아동포에게 고함」을 발표했다. 임시정부의 유지만 고집해서는 독립운동계의 통합이 어려우니, 이승만의 퇴진과 함께 임시정부의 개조를 요구한 것이었다.

그것은 초대 대통령 이승만에 대한 비판이기도 하지만, 임시정부의 존립 여부를 둘러싼 문제이기도 했다. 이때 조완구는 이동녕·신규식·이시영·윤기섭 등 주로 기호파 출신 45명의 관계자와 협력하여 협성회

임시정부 요인과 가족들(1936)

임시정부 요인들과 송병조 환갑기념(1938)

를 결성하고 선언문을 발표했다. 첫째, 임시정부를 절대 유지할 것, 둘째 대통령 이하 각 국무위원을 신임할 것, 셋째, 언론행동 등 현 상황을 해칠 모든 행위를 방지하기에 노력할 것 등이었다. 요컨대 임시정부 대통령 이승만의 체제를 유지하고, 현재의 임시정부를 안정되게 지속적으로 유지하자는 것이었다.

이처럼 이승만이 1920년 12월 5일 상해에 도착한 이후 운동노선을 두고 일어난 임시정부 내부의 심각한 갈등의 이면에는 이념·지역·출신도 적지 않게 작용했다.

결국 이승만이 국무회의를 개최하면서 독립운동의 노선을 두고 이동휘·안창호 등과 견해가 대립되자 이동휘를 시작으로 김규식·남형우·안창호 등이 국무위원직을 사퇴했다. 그 결과로 새로 등장한 것이 신규식·이동녕·이시영·김인전 등으로 구성된 기호파 내각(1921년 2월~1922년 3월)이다. 이렇게 상해에서 야기된 여러 파의 의견대립과 갈등형세를 살펴본 이승만은 1921년 5월 17일 태평양회의 참석을 위하여 그리고 '외교적 긴급과 재정상 절박'을 이유로 상해를 떠난다는 교서를 남기고, 5월 29일 미국을 향해 출발했다.

이승만이 상해에 체류했던 기간은 불과 6개월뿐이었다. 조완구는 창립된 지 불과 2년밖에 되지 않은 임시정부가 분규에 휩쓸리는 것을 안타깝게 바라보아야 했다. 상해를 떠나 미국으로 가려는 이승만에게 조완구는 재고할 것을 간곡히 권했다. 전 민족의 합의로 구성된 대한민국임시정부의 권위와 대표성을 인정하고, 마땅히 이를 한민족독립운동의 구심점으로 삼아야 한다는 것이 그의 확고한 입장이었다.

이런 입장에서 조완구는 안창호의 국민대표회의 소집요구가 임시정부의 존폐 문제로 비화되자, 임시정부를 어떻게든 유지하여 독립운동의 구심점으로 삼고자 했다. 이러한 조완구의 임시정부에 대한 입장은 광복될 때까지 일관된 것이었다. 박은식·김구 등 다른 인물이 임시정부의 대통령이나 주석을 할 때도 조완구의 입장은 변함없었다. 27년간 지속된 대한민국임시정부의 역사, 그래서 오늘날 대한민국헌법 전문에 유구한 역사와 전통을 자랑하는 대한민국이 3·1운동의 결과로 탄생한 대한민국임시정부의 정통을 잇는다고 천명할 수 있었던 것도 임시정부를 유지해 내려는 조완구 같은 이들이 있었기에 가능했다.

한마디로 조완구 등의 굳건한 의지가 없었다면 '대한민국임시정부'는 8·15광복 이전에 소멸되고 말았을 것이다. 이후 조완구는 대한민국임시정부를 기반으로 외교와 무장투쟁을 병행하고자 했다. 1924년 그는 이동녕·안창호·여운형·신익희·송병조·이강·김붕준 등과 시사책진회(일명 한국독립시사책진회)를 조직했다. 1931년 상해에서 김구·김철·조소앙·이유필·안경근 등 그리고 중국 측 인사와 함께 중한항일대동맹(일명 중한민족항일대동맹)을 조직하여 항일투쟁을 펼쳤다.

09 봉오동·청산리전투와 대종교인들

대종교인들과 중광단·북로군정서

조완구가 국제외교의 무대인 상해로 떠난 뒤 만주에 남은 대종교 인사들은 항일무장투쟁에 주력했다. 제2대 교주 김교헌과 3대 교주 윤세복이 이끄는 가운데 만주 지역의 대종교계 역시 독립운동 과정에서 많은 고난에 직면했다. 대종교의 교주 나철이 구월산에서 순교한 후 제2대 교주 김교헌(무원종사)은 1914년 총본사를 동만주 화룡현으로 옮겼다. 거기서 제2회 교의회를 소집하여 홍범규칙을 공포하는 한편 군관학교를 설립하여 항일투사 양성에 힘썼다.

1918년 무오년에는 대종교의 신도 및 독립운동지도자 39인이 서명한 「무오독립선언서」를 작성해 발표했다. 이어 중광단重光團이란 비밀결사를 조직하여 북로군정서北路軍政署로 발전시켰다. 이 북로군정서는 무장독립운동을 적극적으로 전개하여 1920년 10월 서일徐一(백포종사)과 김좌진·나중소·이범석 등의 지휘 아래 화룡현의 청산리지역 전투에서

북로군정서 태극기와 장총사진

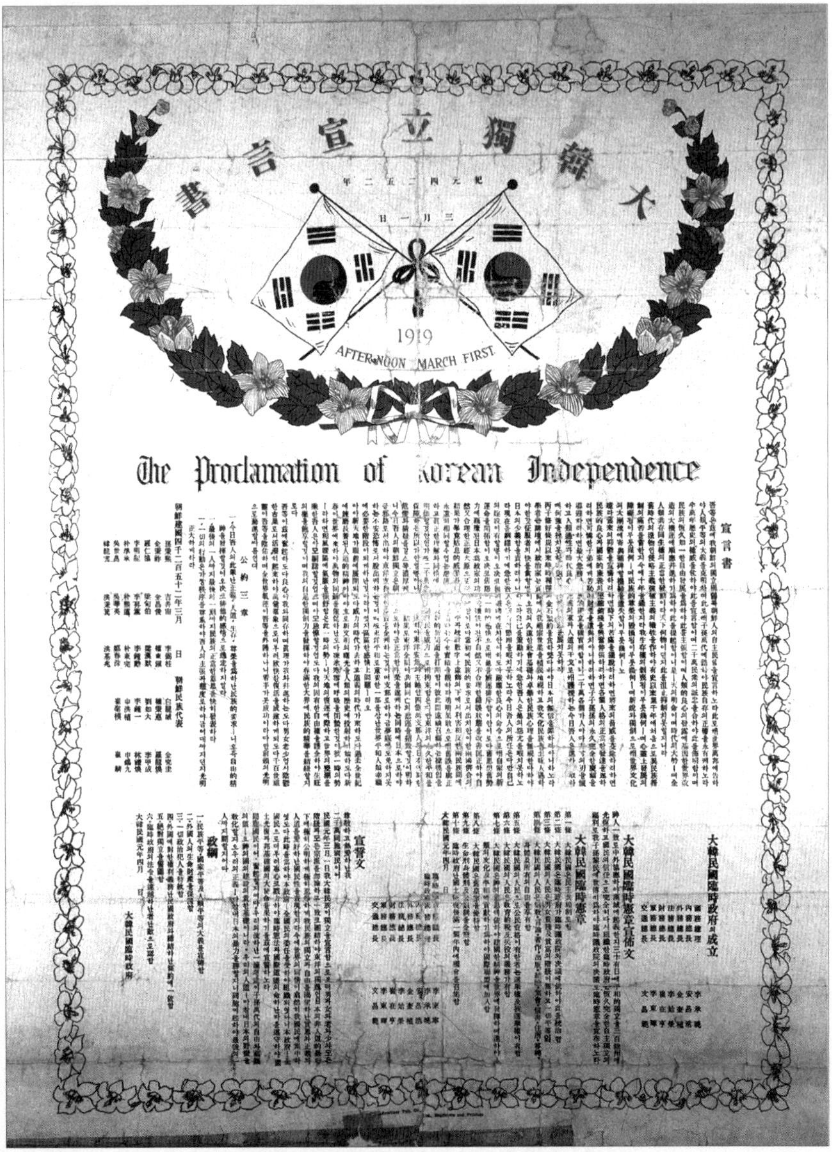

大韓獨立宣言書

紀元四二五二年 三月一日

1919

AFTER NOON MARCH FIRST

The Proclamation of Korean Independence

宣言書

大韓民國臨時政府의成立

大韓民國臨時憲章宣佈文

大韓民國臨時憲章

宣誓文

政綱

「대한독립선언서」(임시정부)

큰 전과를 올리게 된다. 이 '청산리전투'는 봉오동전투와 함께 일제하 항일전쟁 중 최대 전과였으며, 바로 그 전투의 중심에 대종교의 조직과 신도들이 있었다.

홍범도의 봉오동전투와 김좌진의 청산리전투

1919년 3·1운동을 계기로 한국과 만주의 국경지대에는 여러 독립군 부대가 조직되어 활발히 움직이고 있었다. 이들 부대는 만주로 망명하는 한인청년들을 모집해 군사훈련을 실시하고, 국내외 한인들의 의연금으로 최신식 무기를 구입하여 전투력을 급속히 향상시켰다. 그 결과 독립군 부대는 꾸준히 국내로 진입하여 일본 군경과 전투를 펼치면서 일본의 식민통치기관을 습격·파괴했다.

이처럼 국경지대에서 활동하던 부대 중 크게 주목받은 것이 대한독립군과 북로군정서였다. 홍범도 등이 이끈 대한독립군은 간도국민회 산하 부대였고, 김좌진 등이 이끈 북로군정서는 대종교 인사들이 1911년 조직한 중광단이 그 뿌리였다. 이들이 1920년 일본군과 전투하여 승리를 거둔 것이 대한독립군의 봉오동전투와 북로군정서의 청산리전투다.

대한독립군이 수십 차례 국경을 넘어 국내로 진입하여 일본군에게 많은 타격을 주자 일본 정규군은 간도로 밀고 들어와 봉오동에서 전투를 벌이게 되었다. 그 결과 홍범도 지휘하의 대한독립군, 안무의 국민회군, 최진동의 군무도독부군 등의 연합부대는 1920년 6월 4~7일 사이에 일본군에 대승을 거두었다. 임시정부 측의 기록에는 일본군 전사자

157명, 부상자 200명, 경상 100여 명이 발생했고, 독립군은 전사 4명, 중상 2명으로 전한다.

봉오동전투에서 참패한 이후 일본군은 병력을 정비하여 독립군의 근거지를 다시 공격해 왔다. 10월 21일부터 6일 동안 김좌진·이범석 지휘하의 북로군정서와 홍범도 지휘하의 대한독립군 등 연합부대는 청산리 일대에서 10여 차례의 크고 작은 전투를 벌였고, 독립군은 여기서도 일본군을 대파했다. 임시정부 측 기록에는 독립군 60명이 전사하고, 90명이 부상을 당한 대신에 일본군은 1,254명이 전사했다고 전한다.

봉오동과 청산리에서 벌어진 양차의 전투로 독립군은 자신감을 얻게 되었고, 국내에는 홍범도·김좌진·이범석 장군의 이름이 대종교와 함께 전설처럼 전해지게 되었다. 그러나 이에 대한 일본군의 무자비한 보복은 상상을 초월하는 한인 동포의 참극으로 이어졌다.

일본군의 보복과 경신대참변

봉오동전투와 청산리전투에서 참패한 일본군은 그에 대한 보복으로 만주 지역 한인들에 대해 초토화작전을 감행했다. 1920년 10월부터 3~4개월 동안 독립군의 근거지를 소탕한다는 이름 아래 일본군은 독립군과 만주에 거주하는 수많은 한인동포를 학살했다.

일본군은 한국인 마을을 포위하여 남성들을 학살하거나 부녀자들을 겁탈하고 살해했다. 모든 민가는 소각하고 가축을 약탈하여 마을을 폐허로 만들었다. 화룡현에서는 기독교인들을 사격 연습하듯 살해했고,

연길현에서는 30여 호의 주민을 몰살하고 때로는 불타는 가옥 속으로 주민을 밀어넣어 살해하기도 했다. 연길현 와룡동에서는 한 교사의 얼굴 가죽을 벗기고 두 눈을 빼낸 뒤 살해했고, 어린 아이를 찔러 죽이고 시체를 태우거나, 소녀를 폭행한 뒤 죽이는 등 일본군 만행의 참상은 가히 목불인견이었다.

1920년 10월 9일에서 11월 5일까지 불과 한 달 사이에 간도 일대에서 학살된 한국인은 근 4,000여 명에 달했다. 만주의 한인들이 독립군의 지지기반이었기 때문에 일본군의 보복은 더욱 잔인했다. 이 만행은 현지를 답사한 외국인 선교사들에 의해 폭로되었다. 어느 선교사는 "피에 젖은 만주 땅이 바로 저주받은 인간사의 한 페이지"라고 개탄했다.

일본의 대종교 탄압과 임오교변

한편 만주의 대종교인들도 일본군의 보복을 피해 가지 못했다. 1920년 이래 수많은 한인과 교도들이 무차별적으로 희생되었다. 이때 대종교의 서일은 일본군의 대토벌작전을 피해 주력부대를 북만주 밀산현 당벽진으로 이동시켰다. 여기서 홍범도의 대한독립군, 서로군정서군의 지청천부대, 안무安武부대, 광복단 등 여러 부대를 통합하여 대한독립군단을 조직하고 총재가 되었다.

서일은 3,500명으로 3개 대대를 편성하여 항일전을 다시 치르기 위해 러시아의 원조를 받고자 이동시키고 일부는 해산했다. 그러나 자유시로 간 지청천·오광선·안무부대가 러시아군에 의해 무장해제를 당하

왼쪽부터 윤일병 · 조완구 · 윤세복 · 김승학

는 과정에서 많은 한인이 희생되었다. 이른바 자유시사변이 그것이다. 그는 정세를 관망하며 둔병제를 통해 양병하려 했으나 마적의 습격으로 근거지마저 와해되었다. 책임을 느낀 서일은 1921년 8월 27일 대종교의 수양법(조식법調息法)으로 자결했다.

제3대 교주가 된 윤세복은 후일 광복과 더불어 귀국할 때까지 많은 고난을 겪었다. 1926년 일본의 압력을 받은 만주 길림성장吉林省長 장작상은 「대종교포교금지령」을 내렸다. 그 결과 동·서·북 3개 도본사가 해체되고, 서울의 남도본사도 폐쇄되었다.

이후 윤세복은 총본사를 밀산현 당벽진으로 옮겼다가, 1934년 발해의 옛 도읍터였던 영안현 동경성으로 이전했다. 거기에 대종학원을 세우고, 여러 대종교 서적을 간행했다. 그러나 1942년 11월 19일 윤세복 외 20명의 간부가 '조선독립을 목적으로 한 단체구성'이라는 죄목으로 일본경찰에 검거되었다.

교주 윤세복은 무기형을 받았고, 권상익·이정·안희제·나정련·김서종·강철구·오근태·나정문·이창언·이재유 등 10명의 간부가 고문 등으로 희생되었다. 대종교에서는 이를 임오교변壬午敎變이라 칭한다. 당시 숨진 10명의 간부는 대종교에서 임오십현壬午十賢 혹은 순교십현殉敎十賢으로 부른다. 만주의 대종교계가 결정적 타격을 입은 사건이다.

이상이 조완구가 만주를 떠나 상해로 간 뒤 광복 이후 모두가 국내로 돌아와 대종교 인사들이 다시 만나게 될 때까지 근 27년 사이에 있었던 대종교계의 주요 사건이다. 일본의 탄압으로 만주에서 거의 와해되어 가던 대종교는 1945년 광복을 맞아 잠시나마 부활하게 된다.

10 한국독립당과 윤봉길 의거

파란만장한 한국독립당의 역사와 조완구

1926년에 이르러 사상이나 이념에 관계없이 나라를 회복하는 것이 우선이라는 주장을 편 광복운동의 원로가 있었다. 공산주의자 역시 막후의 조종에 따라 공동 노력을 주장하고 나서자, 독립운동가들 역시 힘이 분산되는 것을 옳지 않게 여겨 이를 받아들였다. 이후 등장한 중국 내의 한국유일당촉성회, 국내의 신간회가 그 결과물이었다.

공산주의자의 전횡과 교란, 살인과 분열책 등으로 국내는 물론 상해에서도 소란이 끊이지 않았다. 그래서 주의와 주장, 선전과 선동에 능하고 신의와 양심없이 수시로 표변하는 공산주의자들과 투쟁하지 않으면 안 된다는 것이 조완구 등의 확고한 주장이었다. 이 시기에 그는 사회주의자나 공산주의자에 대해 환멸을 느끼고 있었다.

임시정부 활동기간 내내 김구와 조완구 등은 좌파 인사들과의 노선과 구상의 차이로 골머리를 앓았다. 조완구와 김구는 '광복운동자들은 임시정부의 승리를 도모하고자 하는데, 한국공산주의자들을 이를 파멸시키려 한다. 그들은 국민대표회의를 빌리거나 임정의 외교편리를 빌리거나 시대사조의 격랑을 빌려서 임정의 파멸을 꾀한다'고 했다.

이런 시련 속에서 조완구 등이 임시정부의 독립운동 과정에서 주요 구심점으로 삼고자 1929년에 출범시킨 것이 앞에 언급한 한국독립당이다. 한국독립당의 목표는 일본의 침략을 저지하여 국토와 주권을 지켜내고 정치·경제·교육의 균등이라는 기초 위에 신민주국가를 건설하자는 것이었다. 이를 위해 안으로는 개인의 균등한 생활을 보장하고, 밖으로는 민족과 국가 사이에 평등을 실현하여 세계일가世界一家를 지향한다고 했다. 조소앙의 삼균주의를 토대로 국가구상을 설명한 것이다.

이후 한국독립당은 1932년 4월 29일 윤봉길 의거 이후 다수가 상해를 떠났고, 신한독립당·조선혁명당·의열단 등 4개 단체를 합하여 통일된 행동을 꾀했다. 그러나 광복운동계의 유력한 별동대가 되었던 의열단이 '광주폭동' 전후에 공산주의자에게 장악되어 이탈현상을 보이다가 종국에는 각 단체의 의심과 우려를 풀지 못했다.

1935년에 각 단체의 노력으로 한국독립당·신한독립단·조선혁명단·의열단·미주한인독립당 등 5개 단체가 '민족혁명당'으로 통합되었다. 그러나 임시정부의 존재를 반대하는 의열단과의 마찰 등으로 김구와 조완구는 민족혁명당을 빠져 나와 한국국민당을 창립하고, 강령은 한국독립당과 똑같이 하고자 했다. 다만 "독립운동에 대하여 사이비의 불순한 이론 및 행동은 반드시 배제한다"와 "임시정부가 발전하는 것을 옹호한다"는 두 개 조를 덧붙였다. 이것은 민족혁명당을 조종하는 의열단계에 대한 경고의 의미였다.

윤봉길의 상해의거와 임시정부의 유랑

상해의거를 결행하기 전에 윤봉길은 두 아들 모순模淳과 담淡에게 「강보에 싸인 두 병사에게」라는 글을 통하여 유언을 남겼다. 여기에는 애끓는 부성애가 그대로 담겨 있다.

너희도 만일 피가 있고 뼈가 있다면
반드시 조선을 위하여 용감한 투사가 되어라.
태극에 깃발을 높이 드날리고
나의 빈 무덤 앞에 찾아와 한 잔 술을 부어 놓으라.
그리고 너희들은 아비 없음을 슬퍼하지 말아라.
사랑하는 어머니가 있으니
어머니의 교양으로 성공자를
동서양 역사상 보건대
동양으로 문학가 맹가孟軻가 있고
서양으로 불란서 혁명가 나폴레옹이 있고
미국에 발명가 에디슨이 있다.
바라건대 너희 어머니는 그의 어머니가 되고
너희들은 그 사람이 되어라.

1919년 출범 이래 날로 침체에 젖어 있던 대한민국임시정부에 큰 활력을 불어넣은 것은 윤봉길 의거였다. 중국 국민당 정부는 그전에는 임시정부에서 아무리 자금과 무기지원을 요청해도 거들떠 보지도 않았다. 그러다가 1932년 4월 29일 윤봉길이 상해에서 일본의 거물들을 폭사시킨 뒤에 태도가 크게 달라졌다. 장개석은 이렇게 찬탄했다.

"오호라 부끄럽다. 중국인 4억이 못해 내는 일을 한국인 한 사람이 해냈다."

바로 이 역사적인 의거에 앞서 조완구는 대한민국임시정부의 내무장으로서 임시정부의 소수 요인, 즉 김구·이동녕 등과 함께 윤봉길의 홍구虹口공원 투탄의거를 용의주도하게 준비했다.

충남 예산에서 농촌계몽운동을 하던 청년 윤봉길이 독립운동에 투신한 데는 광주학생운동의 충격이 크게 작용했다. 윤봉길은 '장부출가丈夫出家 생불환生不還'이라는 글을 남기고 만주로 망명했다. 거기서 동포들의 참상을 보고 청도靑島를 거쳐 상해로 갔다. 윤봉길은 상해에서 이봉창李奉昌의 일왕폭탄저격사건 소식을 접하고, 김구를 찾아가 조국 광복에 헌신하겠다는 뜻을 밝혔다. 이 무렵 김구는 '만주사변(9·18사변 혹은 유조구사건)'과 제1차 상해사변 등으로 대륙의 정세가 급변하자 침체에 빠진 독립운동의 돌파구를 열고, 일본의 만보산사건 조작으로 악화된 한·중 두 민족의 감정을 완화시키고자 윤봉길을 통한 거사를 계획했다.

윤봉길은 '조국의 독립과 자유를 회복하기 위하여 한인애국단의 일원'이 된다는 선서를 하였다. 이후 김홍일이 제공한 물통과 도시락에 폭탄을 장착하고, 4월 29일 홍구공원에서 열리는 천장절天長節 기념 전승

축하행사 식장에 폭탄을 투척, 일본군과 요인을 사상시켰다. 상해 파견군 일본 대장(白川義則), 상해 거류민단장(河端貞次) 등이 즉사했고, 제3함대 사령관(野村吉三郎), 제9사단장(植田謙吉), 주중공사(重光葵), 총영사(村井) 등이 중상을 입었다.

윤봉길은 현장에서 체포되어 상해의 일본군 군법회의에서 사형선고를 받았다. 이어 오사카 위수형무소로 이송되었다가, 12월 18일 가나자와金澤 형무소로 옮겨져 다음날 처형되었다.

윤봉길의 홍구공원 거사는 대한민국임시정부의 역사에서 가장 빛나는 업적 중 하나이다. 침체에 빠진 항일독립운동에 활력을 불어넣었으며, 전 중국 사람들의 뇌리에 한국인들의 항일 독립의지를 각인시켰다. 나아가 중국 국민당 정부의 호응과 임시정부에 대한 적극적인 지원을 이끌어 냈다.

'윤봉길 의거'의 역풍도 드셌다. 상해 프랑스 조계에 대한 일본 측의 압박과 수색으로 당장 임시정부 인사들에게 위기가 찾아왔다. 이 와중에 임시정부 요인 안창호가 피체되었고, 조완구와 여타 임시정부 요인들은 상해를 떠나 항주 등으로 피신해야 했다. 이로부터 1945년 중경에서 광복을 맞을 때까지 임시정부의 기나긴 여정이 시작되었다. 조완구 역시 이러한 임시정부의 기나긴 여정의 처음에서 끝까지 고락을 함께 했다.

앞에 잠시 언급했듯이 윤봉길 의거 이후 중국 각지를 전전하던 임시정부에 다시 위기가 닥친 것은 1935년이다. 문제의 핵심인물은 김원봉이었다. 김원봉은 한국대일전선통일동맹을 주도하면서 의열단 계열인사들과 신당 창당을 주장했다. 이를 통해 통일전선을 결성하자는 것이었다. 그런데 통일정부를 결성하자는 것이 임시정부의 존폐에 문제를 안겼다. 왜냐하면 임시정부의 핵심당이 한국독립당인데, 신당을 창당하자는 것은 곧 한국독립당 해체를 주장하는 것이었기 때문이다. 그런데 한국독립당을 해체하자는 것은 결국 임시정부를 무력화하는 것이었다.

이렇게 임시정부의 존폐를 둘러싸고 논란이 벌어지자, 한국독립당도 분열의 조짐이 보이기 시작했다. 많은 인사들이 신당 창당으로 기울어졌다. 임시정부의 국무위원 7인 중 5인이 민족혁명당에 참여할 정도로 대세는 민족혁명당 쪽으로 기울고 있었다. 이때 임시정부 사수를 주장한 인물이 조완구, 송병조, 차리석 등이다.

한국독립당은 1935년 2월의 제7차 당대표회의에서 '신당 참여'안과 '임시정부 지지'안으로 양분되었다. 그래도 일단은 신당 불참여 방침을 선언했다. 임시정부 국무위원회는 1935년 4월 8일에 국무위원 7명의 연서로 「포고문」을 발표했다. 임시정부의 가치와 그 존재의 필요성을 분명히 밝힌 것이다. 물론 임시정부는 국가의 구성요소를 완전히 갖추고 있지는 못했지만, 또한 출범 당시부터 민족운동세력을 모두 포괄하지는 못했다. 그러나 일본의 통치에 대응하여 우리 민족 스스로 통치할

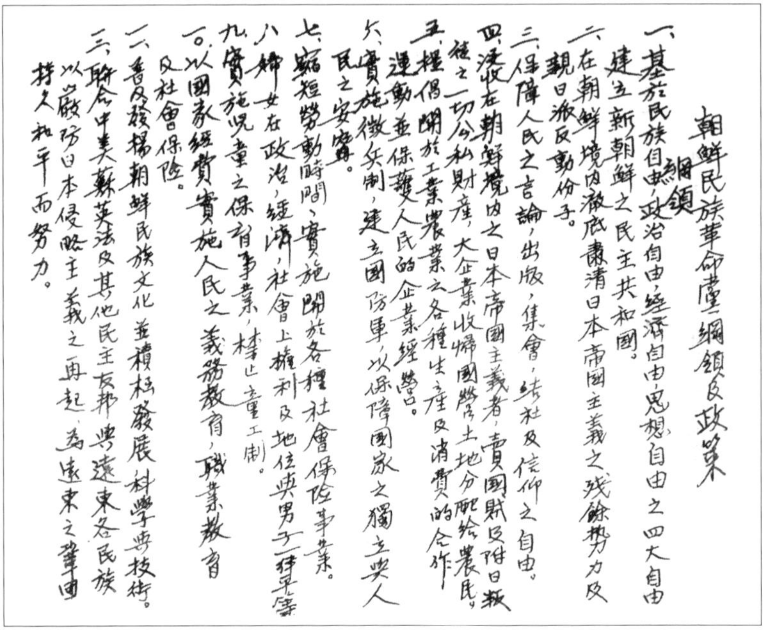

朝鮮民族革命黨綱領及政策

綱領

一、基於民族自由、政治自由、經濟自由、思想自由之四大自由建立新朝鮮之民主共和國。
二、在朝鮮境內澈底肅清日本帝國主義之殘餘勢力及親日派反動份子。
三、保障人民之言論、出版、集會、結社及信仰之自由。
四、沒收在朝鮮境內之日本帝國主義者、賣國賊及附日叛徒之一切公私財產，大企業收歸國營，土地分配給農民。
五、提倡關於工業農業之各種生產及消費的合作運動並保護人民的企業經營。
六、實施徵兵制，建立國防軍，以保障國家之獨立與人民之安寧。
七、縮短勞動時間，實施關於各種社會保險事業。
八、婦女在政治、經濟、社會上權利及地位與男子一律平等。
九、實施兒童之保育事業，禁止童工制。
一〇、以國家經費實施人民之義務教育、職業教育及社會保險。
一一、普及發揚朝鮮民族文化並積極發展科學與技術。
一二、聯合中美蘇英法及其他民主友邦與遠東各民族以嚴防日本侵略主義之再起，為遠東之鞏固持久和平而努力。

조선민족혁명당 강령

수 있음을 보여 주는 중심기관임을 분명히 강조했다.

그러나 석 달 뒤인 5월 25일 임시대표회의에서는 신당창당을 위한 참여로 결정이 나고 말았다. 한국독립당의 내분이 표면화된 것이다. 이때 한국독립당은 양분되는 상황이었다. 조선민족혁명당 참여세력과 잔류세력으로 양분된 것이다. 그동안 임시정부에 남아 있던 인사들이 임시정부를 떠나 신당에 참여했다. 즉 양기탁·김규식·조소앙·최동오·유동렬 등이 그들이다. 결국 한국독립당은 1935년 6월 25일에 잠정적으로 해체되었다.

갈 길은 먼데, 끊이지 않는 갈등 11

경거망동하는 사회주의자, 분열을 공작하는 일본

조완구는 민족주의 우파의 입장에서 임시정부의 한국독립당을 이끌어 가던 인물이다. 그와 김구 등이 고통스러워한 것은 '사회주의자들의 망동'이었다. 그들이 민족 내부의 분열을 야기하여 독립운동의 힘을 소진시킨다고 보았기 때문이다. 조완구는 그 이면에 한민족의 분열을 꾀하려는 외부세력의 공작이 작용하고 있다고 보았다.

조완구는 한국의 독립과 독립당이란 이름을 어떻게 생각했는가? 또한 임시정부 내부의 갈등과 일본 측의 관계를 어떻게 생각했는가? 그는 아래와 같이 분석하고 생각했다.

먼저 독립이란 이름은 오래전에 익히 알려져 한국독립운동의 대명사가 되었다고 보았다. 즉 1880년대의 개화독립당, 1890년대의 독립협회·독립신문·독립문 등의 흐름과 이름을 계승하여 독립당이 되었다. 독립당은 한국인의 조국광복과 완전한 주권회복 및 전 국민이 참여하는 정치의 건설을 목적으로 하는 단체이다. 그러나 독립당 인사들의 사상이 갈라지고 행동이 한결같지 않아서 각각의 주의와 주장이 있었다. 그러나 기본적인 지향점은 '독립' 하나로 일치되었다. 1919년의 3·1운동도 이런 뿌리의 작용하에 일어난 것이다. 그러나 의지가 해이해지고 사상의 분열이 일어나 갈등이 조장되었다고 보았다.

아울러 그는 이런 분열의 이면에 도사린 일본의 공작을 예리하게 꿰뚫어 보았다. 즉 '한국인의 사회주의는 초기에는 계급적 부문의 조직에 힘을 쏟아 노동동맹·무산자동맹·청년동맹·신사상연구회 등이 등장했다. 이때 일본은 한국독립운동의 소멸을 꾀하여 독립운동자에게 압박을 가하고 사회운동자에게는 방임주의를 취하는 듯하면서 음으로 회유를 했다. 독립운동자에게는 행위의 대소를 불문하고 무거운 법률로 억압한 반면, 사회주의자의 행위는 일체 불문에 부쳤다. 그러니까 일본 측은 한국인으로 한국인을 견제하여 힘을 분산시켰다는 것이다.

그는 "사회주의자의 운동이 점차 구체화되자 독립당에 높은 압력이 가해졌다. 그것이 독립운동가의 힘을 소진시키는 데 적지 않은 효과를 거두었고, 그 때문에 사회주의자들은 이를 호기로 여겨 점차 그들의 주의를 표방하고 황당한 주장을 하여 독립운동 진영을 분열시킨다."고 보았다. 독립운동계에서는 이 같은 인식착오와 망언과 못된 행동이 광복운동에 도움이 되지 않고 장애가 된다고 생각하여 그들과 대립하여 서로 도모하기 어려웠다. 요컨대 조완구는 사회주의자의 망동과 이를 적절히 방임하여 역이용한 일본 측의 공작으로 독립운동계가 많은 타격을 받았고, 독립운동의 힘이 소진되었다고 비판했다.

1937년에는 중국과 미대륙, 하와이의 9개 독립운동단체를 망라하여 연합을 선언했다. 그러나 주의가 다른 민족혁명당 등이 조선민족전선동맹을 조성하여 다시 대립했다. 이후로도 광복운동자들이 통합을 꾀했으나, 결국 민족주의와 합하여 하나가 되는 것이 불가능하다고 그들이 표명함에 따라 회의가 깨지기 시작했다.

그 사이에 발생한 사건이 바로 '남목청사건楠木廳事件'이다. 이 사건은 한때 조선혁명당의 간부를 지냈던 이운한李雲漢이란 청년에 의해 벌어진 독립운동 주요 인사에 대한 저격사건이다. 1938년 5월 7일 조선혁명당의 당사 겸 간부 숙소인 남목청楠木廳에서 3당의 간부들이 모여 3당통합을 논의하던 중 이운한이 회의장에 돌입하여 권총을 발사했다. 김구·현익철·유동렬·지청천이 피격되어 그중 현익철이 운명하고, 김구는 사경을 헤매다 소생하여 한 달여 동안 입원한 뒤에 가까스로 퇴원했다. 김구는 몸에 박힌 총탄을 제거하지 못해 일생 동안 수전증과 통증으로 많은 고통을 느꼈다. 김구의 모친 곽낙원 여사는 "자네가 일을 얼마나 잘못 했으면 왜놈도 아닌 한인의 총을 맞어! 한인의 총에 맞고 살아 있는 것이 왜놈의 총에 맞고 죽은 것만 못해!"라고 아들을 질타했다.

이처럼 수많은 혼란과 갈등을 거치면서 마침내 한국국민당·한국독립당(재건)·조선혁명당 등 3개 정당이 하나로 통합되었다. 1940년 5월 새로이 한국독립당으로 간판을 달았다. 이것을 이루느라 일본과의 싸움보다 분열과 같은 양상을 띠고 '요상한 주의와 이념'을 표방하여 갈등이

김구와 한국독립당 당원들의 기념촬영

진행되었더란 말인가. 조완구와 같은 임정의 원로들에게는 저간의 갈등과 소요는 참으로 기막힌 일이었고, 파란만장한 한국독립당의 역사였다.

민족혁명당과 갈등 - 임정의 안살림은 조완구, 바깥살림은 박찬익

늘 대두되는 일이었지만, 임시정부가 독립운동을 진행하는 동안 가장 큰 어려움은 독립운동자금의 부족이었다. 순전히 독립운동을 위한 자금만이 아니라 그들을 따라 생활 터전을 수시로 옮겨 다녀야 하는 가족들의 생계도 현실적으로는 심각한 문제였다. 중국 내륙의 이곳저곳을 옮겨 다니며 아버지와 시아버지 혹은 남편과 조카들로 구성된 독립운동가들과 그들의 동지들을 뒷바라지하며 현지에서 생활 터전을 마련하기란 간단한 일이 아니었다.

독립운동가 스스로도 한편으로는 군사와 외교를 통한 독립운동을 해야 했고, 다른 한편으로는 자신들과 교민들의 생계까지 걱정하다 보니 늘 노심초사했다. 스스로 직장을 구하거나 자신의 서화를 팔아 연명하기까지 했으나, 그것도 어렵기는 마찬가지였다. 이런 어려움은 독립운동가들의 아내와 며느리가 남긴 몇몇 기록에도 절절하게 나타난다. 이회영의 아내(이은숙), 이상룡의 며느리(허은), 김가진의 며느리(정정화), 조완구의 딸(조규은) 등이 남긴 기록이 그중 일부이다.

정정화

그러나 이런 고충 못지않게 고통스러웠던 것은 자금의 배분문제를 둘러싼 갈등과 오해였다. 이것이 내부의 이념과 노선과 얽히면서 엉뚱하게도 과격분자에 의한 임정 요인 암살이나 음모 등으로 비화되곤 했다. 그중 김구·이시영·조완구 등을 가장 어렵게 한 사례는 민족혁명당과의 관계였다. 이들과의 관계는 임시정부가 독립운동 막바지에 청사를 두었던 중경에 있을 당시에도 표면화되었다.

'안개의 도시'로 유명한 사천성의 중경은 양자강 5천 리를 거슬러 올라간 아득한 곳에 있었고 바위가 많은 언덕길 도시였다. 이곳도 전쟁의 포화를 피할 수 없었으니, 주로 안개가 거두어진 여름철에 계속되는 일본 전투기의 공습이 심각했다. 1940년 9월 임시정부가 이곳에서 피난살이를 하게 되자 다음해 1월 가족들도 이곳 교외에 정착하게 되었다. 그

상해임시정부의 여인들

런데 중경의 양대 한인 정당 중 독립당 계열은 토교土橋에, 김규식·김원봉·윤기섭 등 조선민족혁명당 계열은 남안南岸에 따로 떨어져 살았다.

다 같이 독립운동을 하는 처지에서 정치적·사상적 견해 차이는 있을 수 있는 일이었지만, 가족들까지 서로 떨어져 살아야 하는 안타까운 현실이 극명하게 비쳐 보였다. 국내에 가족을 버려두고 떠나온 조완구는 이런 고충을 미리 차단한 것이라고 할 수도 있다. 그러나 사실상 현지에서 가족의 뒷바라지를 받을 수 없는 조완구의 경우는 상대적으로 늘 '단벌신사'일 수밖에 없었다. 같은 독립운동가 가족들의 보살핌을 받아야 하는 처지였으므로 내면의 말 못할 고충은 마찬가지였고, 국내에 떨어져 사는 가족들의 애환 역시 마찬가지였다. 나라 없는 이들의 처지는 고국이든, 외국이든 별다를 것이 없었다.

12 한국광복군 선언과 임시정부의 전시체제 정비

임시정부의 군사활동과 광복군 선언

1919년 말부터 임시정부는 군사활동에 대한 계획을 추진해 나갔지만, 임시정부가 독립운동을 펼치면서 가장 간절했던 것은 독립운동세력의 통일과 광복군의 조직이었다.

임시정부에서는 1919년 말 상해에 육군무관학교를 설립하고 군사간부 양성에 들어간 바 있다. 1920년에 1기 19명, 2기 24명을 졸업시켰다. 그러나 그마저도 재정문제로 폐교되고 말았다. 한편 임시정부 군무총장이었던 노백린은 미국동포 김종린의 지원으로 1920년 2월 미국 샌프란시스코 근처에 비행사양성소를 설립하여 비행사 양성과 공군창설을 목표 삼기도 했다.

임시정부는 만주 지역에서 활동하는 독립군과도 협력했다. 이후 서간도의 서로군정서와 북간도의 북로군정서가 임시정부의 군무부 산하로 들어와 편제되었다. 또 서간도의 대한청년단연합회 의용대·대한독

이동녕 국장장례 위원일동(기강에서 1940년 3월 17일)

립군비단·대한독립단 등이 통합되어 광복군총영을 조직하고, 만주에는 참의부(주만참의부)를 설치했다. 이렇게 하여 한국광복군이 설립된 것은 1940년이다.

그 사이 임정은 서안에 군사특파단을 파견하여 병력을 모집하는 한편 중국 정부와도 교섭했다. 군사조직을 갖추는 일에 대해 중국의 양해를 얻어야 했고, 재정지원도 필요했기 때문이다. 그 결과 1940년 9월 중경에 한국광복군총사령부가 창설되었다.

한편 원동세력의 통일과 관련해서는 1939년에 김원봉 등의 좌익세력 등을 망라한 통합 노력이 있었지만 실패를 거듭했다. 이동녕도 임종 당시 민족진영의 단결을 꼭 이루라고 유언했을 정도로 쉽지 않은 일이었다. 그런 바람은 1940년 5월 한국국민당·한국독립당·조선혁명당 등 3당이 마침내 한국독립당이라는 통합정당을 결성함으로써 성공을 거두었다.

광복군총사령부 성립 전례식 기념(가릉 1940년 9월)

광복군 성립 3주년기념

그 과정에 중국공산당과 국공합작을 추진하던 중국국민당 정부의 좌우합작에 대한 압력도 작용했고, 대중국 교섭을 위해 활약하던 박찬익 등의 역할도 컸다. 중국 측은 한국 측 독립운동 진영의 통일을 전제로 원조하겠다는 입장을 보였던 것이다.

결국 중국국민당 정부 상층부의 지원 약속하에 1940년 9월 15일 김구 등은 "대한민국임시정부는 대한민국 원년에 정부가 공포한 군사조직법에 의하여 중화민국 총통 장개석 원수의 특별 허락으로 중화민국 영토 내에서 광복군을 조직한다"고 발표했다. 광복군 총사령부의 부서도 결정되어 총사령에 지청천, 참모장 이범석, 참모 이복원·김학규·구운기·유해준·이준식, 부관장 황학수, 주계장 안훈으로 조직이 구성되었다.

이렇게 하여 9월 17일 가릉강嘉陵江가의 가릉빈관에서 태극기와 중국의 청천백일기가 바람에 날리는 가운데 광복군총사령부 출범의식이 행해졌다. 식장 좌우에는 '초나라가 비록 3집만 남아 있더라도 진나라를 멸망시키리라', '단군의 자손, 끝내 고국에 돌아가고야 말리라'라는 표어가 나부꼈다. 한중 모두 일제로부터 국권회복 의지를 다지고 있었다.

임시정부의 전시체제 정비와 조완구

광복군을 창립한 다음달인 10월 초 임시정부는 정기 의정원 회의를 열어 임시정부를 전시체제로 전환했다. 국무회의를 주재하는 역할에 그쳤던 주석에게 국가주석으로서 대권을 부여하는 약헌 개정과 '광복군 총

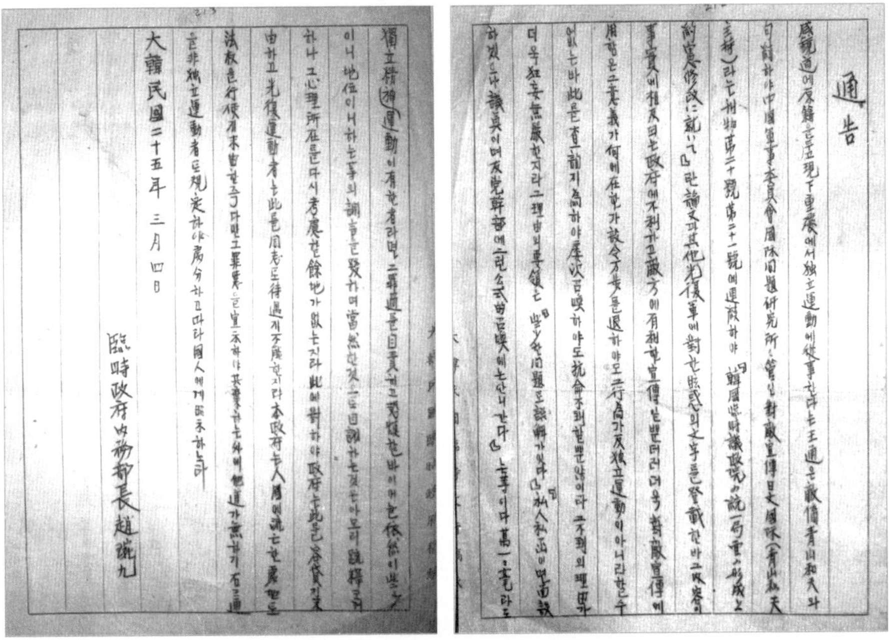

조완구 내무부장 발송통고(1943년 3월 4일)

사령부 조례', '대한민국임시통수부 관제' 등을 정비하여 광복군의 활동을 뒷받침하고자 했다. 이때 김구가 주석으로 선출되었고, 조완구는 이시영·조성환·조소앙·박찬익·송병조·차리석과 함께 7인의 국무위원에 선출되었다.

주　　석 : 김　구

국무위원 : 이시영, 조성환, 조완구, 조소앙, 박찬익, 송병조, 차리석

이어 열린 국무위원회에서는 각 국무위원과 검사원장, 참모총장을 선임했고, 조완구는 내무부장의 직임을 수행하게 되었다.

내무부장 : 조완구

외무부장 : 조소앙

군무부장 : 조성환

법무부장 : 박찬익

재무부장 : 이시영

비 서 장 : 차리석

검사원장 : 이상만

참모총장 : 유동렬

한국의 독립은 미·중·소가 일본을 이겼을 때

1939년 9월 1일 독일이 폴란드 진격을 개시하자, 영국과 프랑스가 독일에 선전포고를 하면서 제2차 세계대전이 발발했다. 당초 이탈리아와 미국은 중립을 표방했고, 소련은 독·소 우호조약을 체결하여 폴란드의 분할점령을 결정했다. 그러나 1940년에 접어들면서 독일군이 노르웨이·덴마크·프랑스를 침략하는 사이에 이탈리아는 이집트를 침략했고, 영국과 미국은 방위협정을 조인하여 이에 대응했다.

한편 같은 시기에 일본군이 프랑스령 인도차이나에 진주하자, 미국과 영국은 1940년도 후반 중경에 있던 중화민국 정부에 2,500만 달러의 차관을 제공하기로 결정했다. 일본을 압박하는 한편, 프랑스와 중국을 측면 지원한 것이다. 자연히 세계의 대립구도는 독일·이탈리아·일본의 3국동맹(1940년 9월 25일) 세력과 미국·영국·프랑스 등 연합국 세력으로 양분되고 있었다. 이후 3국동맹 세력에 루마니아와 체코슬로바키아(1940년 11월)·불가리아(1941년 3월 1일)가 가담했고, 연합국 세력에 소련 등 20여 개 나라가 합류하게 되었다.

이 같은 격변 속에서 대한민국임시정부 인사들은 한국의 독립에 필요한 전제가 무엇인지를 골똘히 분석하게 되었다. 기본적으로 세계정세의 격변은 한국이 독립할 기회가 될 수 있다고 보았다. 임시정부가 중경에 있을 때인 1941년 조완구는, "노구교사건(1937년 7월 7일) 이래 일본과 전쟁을 치르고 있는 중화민국이 최후 승리를 목전에 둔 상황에서, 지리적으로 인접해 있고 역사적으로 긴밀한 중국의 강성함이 우선 전제되어야 하고, 둘째는 개인의 이익과 당파의 입장을 넘어 내부 통일을 이루어야 한다"고 했다.

과거에 이상설 등은 러일전쟁에서 일본이 패하는 것이 한국이 독립할 절호의 기회로 생각했던 적이 있다. 이승만은 한국에 대한 미국의 지원이 절대적으로 중요하고, 세계의 초강대국 미국이 일본을 이기는 것이 한국이 독립할 기회라고 여겼다. 이에 비해 신규식·박찬익 등은 중국이 일본에게 승리할 때 한국이 독립할 기회라고 여겼고, 그래서 신규식은 신해혁명 당시 손문의 혁명정부에도 협력했던 것이다.

조완구의 입장은 이 모두 중에서도 신규식의 입장에 가까웠던 것 같다. 그래서 육해군이 취약한 한국은 건군과정에 중국의 협조가 필요하며, 이를 위해 중국에서 군사양성을 생각했다. 그러나 어느 쪽을 기대했든 모두가 한국독립의 관건은 국제정세의 변화와 일본의 패망이라고 보았고, 그에 앞서 한민족의 대단결과 통일노선을 우선시했다.

한국광복군과 미군의 독수리작전

광복군의 활동은 다양했다. 먼저 일본군에 소속된 한인병사와 적 후방의 한인청년들을 포섭하는 공작(초모공작), 이들에 대한 교육과 훈련, 정보수집과 일본군에 대한 교란활동 등이 그것이다. 서안에서 중국군 중앙전시간부훈련단에 한국청년훈련반을, 안휘성 임천에서는 한국광복군 훈련반을 설치하고 모집된 청년들을 군사초급간부로 양성했다.

광복군은 연합군의 일원이 되고자 노력했다. 이를 위해 광복군 진영

광복군 징모 제3분처위원 환송기념(중경 1941년 3월 6일. 앞줄 왼쪽부터 박찬익, 조완구, 김구, 이시영)

에서는 인도와 미얀마전선에 공작대(인면전구공작대)를 파견하여 영국군과 공동작전을 펼쳤다. 광복군은 미국군과도 협력을 모색했다. 그중 주목되는 것이 미국전략첩보국OSS과 합작하여 국내 진입을 위한 초급장교를 육성한 일이다. 이것이 독수리작전Eagle Project이다. 이 작전은 한국 내에 거점을 확보하기 위해 한인청년들을 잠수함이나 항공기로 국내에 투입하려는 계획이었다.

광복군 제2지대 1기생이 수 개월의 교육을 마친 뒤, 국내진입을 위한 공동작전이 추진되었다. 마침내 군사요원들이 제반훈련을 마치고 비행기에 탑승하여 막 출발하기 직전, 천만뜻밖에도 놀라운 소식이 전해졌다. 일본이 항복을 선언한 것이다. 이로 인해 수 개월의 특수훈련을 거쳐 국내에 투입하려던 OSS대원의 작전계획은 좌절되고 말았다.

중국 지역의 미국전략첩보국 사령관 도노반Donovan과 이 작전을 추진했던 김구는 '일본의 항복이 일주일만 늦어졌거나 일주일만 앞당겨졌더라면'하고 탄식했다. 일본의 항복이 일주일만 늦어졌다면 독수리작전을 통해 광복군이 연합군의 일원으로 국내에 진입했을 것이고, 일주일만 일찍 항복했다면, 소련군이 아직 북한에 진주하지 않았을 것이다. 그렇다면 한반도는 분단되지 않았을 것이고 우리 민족의 역사에 보다 나은 결과가 있지 않았을까 하는 아쉬움 때문이었다.

간절했던 조국의 광복 - 그날이 오면

36년간 지속된 일제의 식민통치 당시 한인들에게 가장 간절했던 것은 조국의 광복이었다. 광복에 대한 갈망은 국내외 독립운동가들의 투쟁 혹은 문인들의 글을 통해 잘 표현되었다. 심훈은 1930년 3·1만세운동 11주년을 맞아 이런 시를 지었다.

그날이 오면 그날이 오며는
삼각산이 일어나 더덩실 춤이라도 추고
한강물이 뒤집혀 용솟음칠 그날이.
이 목숨이 끊치기 전에 와 주기만 하량이면,
나는 밤하늘에 날으는 까마귀와 같이

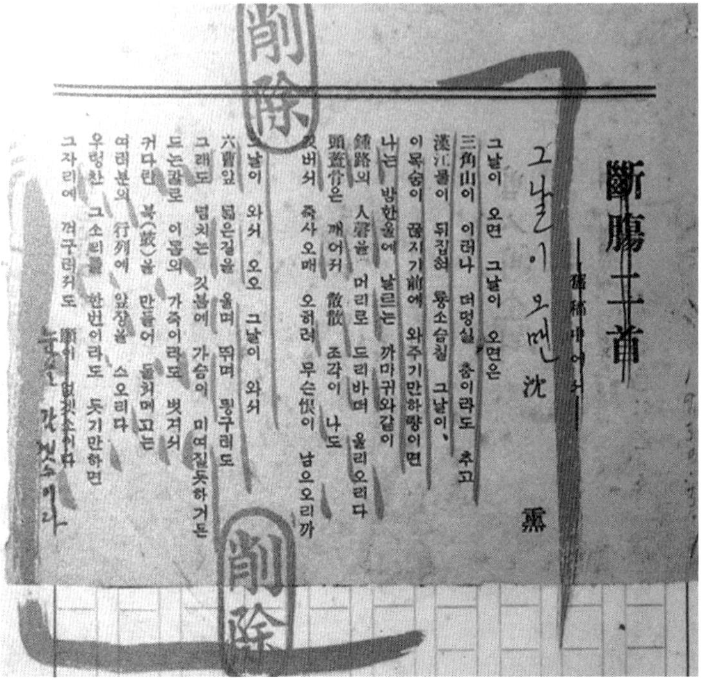

斷腸二十首

그날이 오면 沈熏

그날이 오면 그날이 오면은
三角山이 이러나 더덩실 춤이라도 추고
漢江물이 뒤집혀 룡소슴칠 그날이,
이목숨이 끊지기前에 와주기만하량이면
나는 밤한울에 날르는 까마귀와같이
鍾路의 人磬을 머리로 드리바더 울리오리다
頭蓋骨은 깨어저 散散조각이 나도
깃버서 죽사오매 오히려 무슨恨이 남으오리까
그날이 와서 오오 그날이 와서
六曺앞 넓은길을 울며 뛰며 뒹구러도
그래도 넘치는 깃븜에 가슴이 미여질듯하거든
드는칼로 이몸의 가죽이라도 벗겨서
커다란 북(鼓)을 만들어 들처메고는
여러분의 行列에 앞장을 스오리다
우렁찬 그소리를 한번이라도 듯기만하면
그자리에 꺼구러저도 恨이 업겟소이다

심훈 「그날이 오면」 검열본

종로의 인경을 머리로 들이받아 울리오리라.
두개골은 깨어져 산산조각이 나도
기뻐서 죽사오매 오히려 무슨 한이 남으오리까.

심훈, 「그날이 오면」

광복에 대한 그리움이 절절히 배어 있는 시이다. 국외 독립운동가들의 심정도 그랬다. 그 시절 일본은 '욱일승천旭日昇天'의 기세로 중국내륙으로 세력을 확대하고 있었다. 만주사변을 일으킨 데 이어 제1차 상해 사변을 일으켰고, 청의 마지막 황제 부의를 내세워 만주국을 건립했다. 그 사이 이봉창과 윤봉길의 의거가 한민족의 독립의지를 불타오르게 했고, 4억 중국인들과 국민당 정부를 분발하게 했지만, 한반도의 암울한 분위기는 바뀌지 않았고, 독립운동가들의 일상과 임시정부의 국제적 위상은 여전히 간난의 연속이었다.

그래서 광복은 쉽게 오지 않을 것 같았다. 그런 암울한 시대에 심훈은 결국 34세의 나이로 요절했다. 광복에 대한 확실한 믿음이 있었다면 그렇게 일찍 세상을 떠나지는 않았을 것이다. 일제하에 많은 지식인들이 허무주의에 빠지거나 일부 굴절을 겪은 것은 자신의 민족을 사랑하지 않아서가 아니었다. 광복의 가능성이 없다고 보고 절망하여 자포자기했기 때문이다. 그런데 그렇게 갈망했던 광복이 심훈이 죽은 8년 뒤 '도둑같이' 다가왔다.

13 8·15광복과 한반도에 등장한 두 그림자

일본의 항복선언과 임시정부의 환국 준비

1945년 8월 6일 일본열도의 히로시마에 미군의 원자폭탄이 투하되었다. 9일에는 나가사키에 다시 원자폭탄이 투하되었다. 역사상 가장 가공할 만한 무기의 위력 앞에 일본의 히로히토 천황은 6일 뒤인 8월 15일 마침내 무조건 항복을 선언했다. 36년 동안 일본의 식민치하에 있던 한국은 드디어 해방을 맞았다. '민족사상 최대의 상처와 고통을 준' 일제의 식민통치가 드디어 종말을 고하는 순간, 그때의 기쁨을 홍명희는 이렇게 표현했다.

아이도 뛰며 만세
어른도 뛰며 만세
개 짓는 소리 닭 우는 소리까지
만세 만세

산천도 빛이 나고
해까지도 새 빛이 난 듯
유난히 명랑하다.

홍명희, 「눈물 섞인 노래」

임시정부 인사들은 1945년 8월 10일 중경의 라디오 방송을 통해 일본이 항복했다는 소식을 들었다. 가도가도 끝이 없는 임시정부의 기나긴 여정이 마침내 중경에서 마감되기에 이른 것이다.

임시정부의 재무부장이었던 조완구는 일본의 항복 소식을 접하고 더없이 감개무량했다. 고국을 떠나 와 간난 속에 보낸 지난 30여 년의 일들이 주마등처럼 머리를 스쳐갔다. 독립운동을 한다고 아내와 생이별한 미안함은 물론 홀어머니를 서울에 두고 떠나 와 불효했다는 자책감, 얼굴도 잘 기억하지 못하는 아버지를 찾아 만주까지 왔다가 비명횡사한 아들, 이를 내색할 수도 없고, 내색할 곳도 없었지만, 자나 깨나 내면 깊숙한 곳에서 그를 괴롭히고 있었다.

그러나 그런 고민을 할 만한 여유도 그에게는 없었다. 주석 김구는 광복군의 국내진입 작전을 추진하기 위해 당시 서안西安에 가 있었다. 주석이 없는 가운데 국무회의가 개최되었고, "귀국해서 과도정권을 수립하고 임시정부를 과도정권에 인계한다"는 방침이 결정되었다. 그러나 조선민족혁명당을 비롯한 야당 측에서 '임시정부 개조'와 '국무위원의 총사직'을 요구했다. 정치적 야심이 앞서는 이런 제안을 두고 논란이 분분했다. 이때 조완구는 다음과 같이 주장했다.

"나 27년 해보았습니다. 그것은 잘나서 그런 것보다 못나서 그렇습니다. 누가 잘난 사람이 그것을 지키고 있겠소, 나 조선 가서 27년 했으니 한자리 달라 하겠습니까? 어림도 없는 소리 마시라입니다."

주석 김구가 중경으로 돌아온 후, 국무회의에서 향후 방침을 결정했다. 그것이 9월 3일 당면정책 14개 조항으로 발표되었다. 임시정부는 현 상태로 환국하며, 국내에 들어가 과도정권을 수립하고, 새로 수립되는 그 과도정권에 임시정부의 모든 것을 인계한다는 것이 핵심이었다. 새로 탄생하는 정부에 임정의 법통을 이어준다는 의미가 있었다. 임시정부 측에서는 현 임시정부의 각료진 명단을 국내에 전했다. 1945년 9월 4일 『매일신보』에 보도된 각료진 명단은 다음과 같다.

주　　석 : 김　구
부 주 석 : 김규식
내무부장 : 신익희
외무부장 : 조소앙
재무부장 : 조완구
문화부장 : 김상덕
선전부장 : 엄항섭
군무부장 : 김약산
법무부장 : 최동오

주석·부주석 외에 8명의 각료와 국무위원 14명, 의정원 의원이 51

명이었다. 환국하면 동포의 환영을 받을 것이고, 새 나라 새 정부에서 일정한 역할도 할 수 있으리라는 이런저런 기대도 가졌을 것이다. 그러나 조완구는 생각이 달랐다. "기대들 말고 고국에 잘 돌아갈 궁리나 하시라!"고 하여 설왕설래하는 부푼 기대와 소동을 잠재웠다.

한반도에 나타난 미군과 소련군

미·영·소·중 등 연합국 참전과 독·이·일의 패망은 식민치하의 고통에서 벗어나려 애쓰던 한민족에게는 참으로 고맙고도 감격스러운 일이었다. 민영환·조병세·황현·홍범식 등 나라의 멸망에 분노하여 자결·순국한 이들이나 허위·나철·이상설·신규식·이동녕·이회영·신채호·박은식·이봉창·윤봉길 등 의병운동이나 독립운동을 하다 세상을 떠난 이들 모두 지하에 혼령이 있다면 더 없이 기뻐했을 것이다.

그런 기쁨은 어느 정도 예상되기는 했다. 1943년 11월 미·영·중 연합국 정상들은 카이로회담 선언에서 "한국 민중의 노예 상태에 유의하여 적당한 시기에in due course 한국이 자유롭게 되고 독립하게 될 것을 결의한다"고 했다. 그 약속은 포츠담회담(1945년 7월)에서도 거듭 확인되고 있었으니, 거기까지는 매우 희망적이었다. 그래서 인도의 지도자 네루P. Jawaharlal Nehru는 "아시아 식민지 가운데 열강에게 독립을 보장받은 유일한 나라는 한국"이라며 부러워하기도 했다. 그런 결정이 있기까지는 이승만·김구·박찬익 등 해외 독립운동가들이 미국과 중국에 펼친 외교적 노력이 어느 정도 가미된 점도 없지 않았다.

말하자면 1919년 3·1운동에서 표현된 한민족의 열망, 나아가 그것이 세계 약소민족의 독립운동에 끼친 영향과 자극, 27년간 해외에서 독립운동에 종사한 대한민국임시정부의 존재, 임시정부 산하 광복군의 대일·대독 선전포고와 연합군과의 협력 등이 연합국의 그와 같은 결정과정에 전혀 무관하지는 않았다는 것이 일반적인 견해이다.

그러나 일본의 항복에 따른 기대와 소망은 어디까지나 한민족과 임정 인사들의 꿈에 지나지 않았다. 한반도 운명의 결정권을 쥐게 된 당시의 초강대국 미국과 소련의 구상은 달랐다. 미·소의 대립으로 야기될 한반도의 혼란스러운 미래상황을 예상했는지 이때 조완구는 "정권은 정식 정부에는 못 넘길 것이고 다만 과도정부에나 넘기게 될 것"이라고 했다. 그러나 그마저도 불가능했던 것이 광복 직후 한국의 현실이었다.

사실 임시정부 인사들의 고민은 다른 데 있었다. 일본의 항복은 반가웠지만 불안감을 떨칠 수 없었다. 일본의 항복이 예상보다 빨랐기 때문이다. 광복군과 연합군 측이 양성한 OSS대원들이 국내에 투입될 예정이었다. 연합국의 일원이 되어야 해방된 조국에서 발언권이 있지 않겠는가? 그런데 투입되기 직전에 전쟁이 끝나다니, 앞으로 해방된 조국의 운명은 어떻게 될 것인가? '한국인에 의한, 한국인을 위한, 한국인의 정부'가 과연 들어설 수 있을까? 연합국이 한반도의 운명에 왈가왈부하고, 변신에 빠른 일본이 미·소의 대립을 틈타 한반도의 운명에 또 다른 장난을 하지는 않을까 심히 우려되었다.

그래서 일본의 재빠른 항복은 김구나 조완구 등 임시정부의 살아남은 요인들에게는 '하늘이 무너지는 충격'이기도 했다. 이런 깊은 불안감

얄타회담(1945년 2월 4일)

은 국제관계의 추이를 주시하던 몇몇 인사에게나 가능한 생각이었다. 들뜬 임정의 가족들은 너나없이 귀국을 서둘렀다.

우려대로 한반도의 상황은 급변하고 있었다. 1945년 2월의 얄타회담에서 미국은 소련의 대일참전을 요청했고, 소련은 이를 수락했다. 그러나 소련은 일본이 항복하기 1주일 전인 8월 8일에야 일본에 전쟁을 선포했다. 만주를 거쳐 한반도로 진격해 오는 속도는 신속했다. 놀란 미국 측은 황급히 소련 측에 한반도 내에 군사분계선을 설정할 것을 요청했다. 일본이 항복하기 수일 전 워싱턴의 3부조정위원회는 한반도 최북단에 군사분계선을 설정하라는 지시를 받았다. 동 위원회는 38도선을 경계로 한반도의 분할을 소련에 조심스레 제안했고, 소련은 이를 즉각 수용했다.

이렇게 하여 미국과 소련은 38도선을 군사분계선으로 설정해 두었다. 소련군이 북한에 진주한 것은 그해 8월, 대일전에 참가한 지 불과 일주일 만에 일본의 항복을 받아낸 소련은 여세를 몰아 8월 20일 한반도의 북쪽 원산에 상륙했고, 24일 평양에 들어와 사령부를 설치했다. 한편 미군이 인천에 상륙한 것은 9월 8일이었다. 이렇게 미·소 양군의 진주하에 들어간 한반도의 운명은 이제 자유와 공산 양대세력의 영향 아래 있게 되었다.

결국 해방은 연합국이 한민족에게 가져다 준 고마운 선물임에 틀림없지만, 거기에는 원치 않는 조건이 붙어 있었다. 연합국에 의한 해방의 대가는 한국이 치러야 할 또 하나의 시련이었다. 미·소에 의한 한반도의 38도선 분할과 남북한에 대한 미국과 소련의 군정 실시가 그것이다. 그 결과는 1950년 북한의 남침으로 이어져, 500만 인명의 살상과 1,000만 이산가족의 고통으로 이어졌다. 8·15해방은 새로운 비극의 원점이기도 했다.

임시정부 요인들의 환국과 한미장의 조완구 14

임시정부 요인들의 귀국과 '한미장'

광복을 맞아 귀국을 서두르던 임시정부의 요인들은 국내 모든 정당을 총망라해 구성될 과도정부에 임시정부의 전권을 이양하는 것이 희망이었다. 새 정부가 당연히 대한민국임시정부의 법통을 이어가야 한다는 것도 기본 입장이었다.

1945년 11월 5일 마침내 임시정부 요인과 가족 일행은 중경을 떠났다. 27년의 역사를 고이 간직한 귀중한 문서를 가죽상자 8개에 나누어 싣고 비행기 편으로 먼저 상해에 도착했다. 1932년 윤봉길 의사가 폭탄투척 의거로 황망히 떠난 지 13년 만에 임시정부 탄생의 요람이었던 상해를 잠시 경유하게 되었던 것이다. 윤봉길 의거 현장인 상해의 홍구공원에는 6천~7천 명을 헤아리는 한인교포들이 공원광장을 가득 메우고 귀국하는 임시정부 요인들을 대대적으로 환영했다.

백범 김구가 단에 올라서자 교포들은 만세를 외치고 또 외쳤다. 백범

임시정부요인 환국기념(연화지청사 1945년 11월)

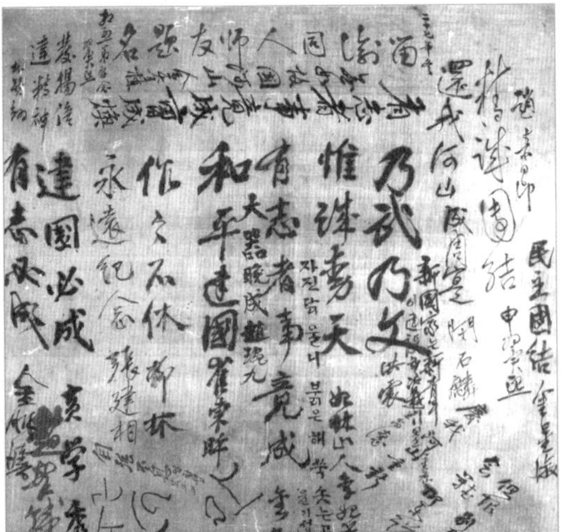

임시정부요인 환국이념 서명포(1945년 11월)

이 올라선 단은 윤봉길 의사가 일본 대장 시라카와 일행에게 폭탄을 던져 응징한 자리였기에 그 만세소리는 더욱더 교포들의 가슴을 터질 듯 뒤집어 놓았다. 백범은 목이 메어 몇 번이나 말을 끊고 끊었다. 그 동안의 갖가지 고생과 모진 괴로움이 그날 그 자리에서 울음으로 터졌다. 상해의 홍구공원은 온통 한인들의 울음과 만세소리로 뒤범벅이었다.

이날의 기쁨은 해방 직후 중국에서 한인교포들과 임시정부 요인들이 함께 맛본 가장 감격스럽고도 뿌듯한 순간이었다. 이후 고국으로 귀환한 조완구 등 임시정부 요인들은 남북으로 분단된 민족의 현실, 나아가 6·25전쟁의 비극 등으로 다시는 그 같은 큰 기쁨을 맛보지 못했다.

곧이어 임시정부 요인들이 차례로 환국했다. 미국에 있던 이승만은 1945년 10월 16일 일본을 거쳐 환국했고, 중경에 있던 김구는 1945년 11월 23일 주한미군사령부에서 보낸 비행기 편으로 귀국했다. 김구는 김규식·이시영·김상덕·유동렬·엄항섭 등 정부 요인 1진과 함께 상해를 떠났다. 백범의 귀국 제일성처럼 자신의 혼이 왔는지, 자신의 육신이 왔는지 모를 정도로 감격스럽고 기쁨에 넘친 임시정부 역사 27년 만의 귀국이었다.

조완구는 임시정부 요인의 제2진으로 홍진·조성환·조소앙·김원봉 등과 함께 12월 1일 미군수송기를 타고 상해를 떠나 12월 5일 국내에 도착했다. 2진으로 환국한 인원은 임정요인 14명과 수행원 5명, 도합 19명이었다. 당초 김포공항에 착륙할 예정이었으나 기상악화로 군산으로 기수를 돌렸다. 그러나 거기도 기상이 좋지 않았다. 비행기는 다시 옥구비행장으로 날아가 착륙했다. 일행은 미군 트럭을 타고 논산으

서울 입성식(중앙청)

임시정부요인 2진 귀국기념(1945년 12월 3일)

광복 이듬해 봄 환국하신 사람들(1946)

로 이동하여 1박을 하고 다음날 유성온천에서 지친 몸을 쉬고, 다시 비행기를 타고 마침내 김포에 도착했다.

귀국한 요인들이 머무르게 된 곳은 서울의 충무로 2가에 위치한 한미장이다. 이 건물은 광복 이전에 일본인이 운영하던 숙박소로, 일명 '한미호텔'이라고 불렸다. 임정의 재정부장을 역임한 조완구가 여러 인사들을 대표하여 한미장의 임대차 계약을 체결했다. 말하자면 적산가옥이 이제 임시정부 요인들의 숙소로 제공된 것이다. 해외에서 임시정부의 안살림을 꾸려왔던 조완구가 환국해서 다시 임시정부 가족의 안살림을 꾸려 가는 모습이었다.

한미장은 지상 4층과 지하 1층 건물로, 임정의 각료를 비롯하여 비서진, 광복군 출신의 장교 그리고 귀국 직전 타계한 차리석의 유가족 등등이 두루 이곳에 거주하게 되었다. 그중 조완구·조소앙·신익희·조경한 등 임시정부 요인들은 건물의 2층에 자리를 잡았고, 3층과 4층에는 광복군 출신의 젊은 인사들이나 차리석의 유족 등이 자리 잡게 되었다. 그러다 보니 한미장은 적게는 수십 명에서 많게는 백수십 명에 이르는 임정 관련 인사와 가족들이 매일 드나드는 공동 주거지역이 되었다.

28년 만에 상봉한 아버지와 딸

앞서 귀국한 백범은 경교장에 자리를 잡았다. 일제하에 광산왕으로 널리 알려진 최창학이 경교장을 백범의 거처로 제공했다. 양옥으로 지어진 본채 그리고 한옥으로 지어진 뒤채가 있었는데, 그중 양식건물을 백범에게 제공했다.

조완구가 유일하게 살아남은 혈육인 딸을 상봉한 것은 이 시기였다. 부녀의 만남은 경교장에서 이루어졌다. 처조카 홍명희가 이들을 소개했다. 조완구는 처조카를 통해 얼굴도 잘 기억 못 하는 장성한 딸을, 딸은 외사촌 오빠 홍명희를 통해 얼굴도 잘 기억하지 못하는 아버지를 상봉하는 기막힌 정경이었다. 여섯 살배기였던 딸 규은이 1917년 만주에서 잠깐 부친을 상봉한 이후 28년 만의 만남이었다. 딸은 아버지가 없는 어려운 환경에서도 어머니의 삯바느질과 고학을 통해 사범학교를 나왔고, 이제는 학생들을 가르치는 교사가 되어 있었다. 그 딸이 맨 먼저 아버지에게 알려 준 소식은 아내가 지난 2월 6일, 그러니까 해방을 맞기 불과 6개월 전에 세상을 떠났다는 슬픈 소식이었다.

경교장에서 피치 박사(앞줄 왼쪽 첫 번째) 내외의 방문을 받고

아내는 평소 딸들에게 이렇게 말했다.

"내 눈에 흙이 들어가지 전에 왜가 망하는 꼴을 보지 않고는 또 너의 아버지를 만나 보기 전에는 눈을 감을 수 없다."

모친이야 연로하셨으니 돌아가셨을 것은 이해할 법하나, 생때 같은 외아들은 만주에서 자신이 떠난 직후 종적 없이 사라졌고, 27년을 기다리던 아내는 광복을 불과 반 년을 앞두고 세상을 떠났다. 만주로 떠난 남편을 찾아 노모와 아이들을 이끌고 찾아가 잠시 대면한 것 외에는 근 30년간 홀로 가정을 꾸려간 아내였다. 아내의 무덤은 괴산의 친정집 뒷산에 있었다. 얼마 뒤 조완구는 아내의 무덤을 찾아갔다. 속으로 울먹였을 것이다. 늦게 돌아와 미안하다고.

조완구의 부인 홍정식의 산소와 표석

불안정한 한반도 정국과 이승만·김구의 대응 15

미소공동위원회와 유엔한국임시위원단

돌이켜 보면 일제하 한국인 모두에게 간절했던 것은 나라의 광복이다. 광복은 목숨보다 소중한 것이었다. 그러나 광복은 쉽게 오지 않았다. 일본은 대륙으로, 태평양으로 세를 넓혀 가고 있었다. 끝이 보이지 않는 어둠 속에서 절망한 많은 이들이 요절하거나 굴절을 겪었다. 조국을 등진 것이 아니라 희망을 상실했기 때문이다.

광복은 제2차 세계대전에서 연합국이 일본에 승리를 거두면서 얻은 결과였다. 덕분에 일제의 식민통치도 종말을 고했지만, 1945년 10월 미 국무부에 의해 신탁통치안 등이 제기되는 등 여러 가지 불안정한 요소가 기다리고 있었다.

신탁통치안을 둘러싼 찬반의 논의가 대립되는 가운데 1946년 3월과 1947년 7월 서울 덕수궁의 석조전에서 거듭 미소공동위원회가 열렸다. 이어 1948년 유엔한국임시위원단이 파견되어 활동했다. 그러나 이미

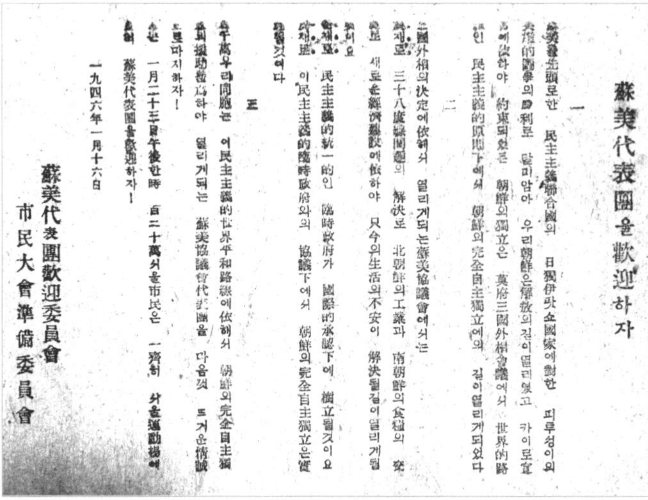

蘇美代表團을歡迎하자

一

蘇美를先頭로한 民主主義聯合國의 日獨伊팟쇼國家에對한 피루성이와 英雄的鬪爭의勝利로 말미암아 우리朝鮮은解放의길이열리엿고 카이로宣言에依하야 約束되엿든 朝鮮의獨立은 莫府三國外相會議에서 世界的路線인 民主主義的原則下에서 朝鮮의完全自主獨立에의 길이열리게되엿다

二

三國外相의決定에依해서 열리게되는蘇美協議會에서는

첫재로 三十八度線問題의 解決로 北朝鮮의工業과 南朝鮮의食糧의 交換로 새로운經濟建設에依하야 只今의生活의不安이 解決될길이열리게될것이요

둘재로 民主主義的統一的인 臨時政府가 國際的承認下에 樹立될것이요

셋재로 이民主主義的臨時政府와의 協議下에서 朝鮮의完全自主獨立은實現될것이다

三

三千萬우리同胞는 이民主主義的世界平和路線에依해서 朝鮮의完全自主獨立의援助를爲하야 열리게되는 蘇美協議會代表團을 다음것 뜨거운情誠으로마지하자!

市民은 一月二十三日午後한時 百二十萬서울市民은 一齊히 서울運動場에 모혀 蘇美代表團을歡迎하자!

一九四六年一月十六日

蘇美代表團歡迎委員會
市民大會準備委員會

소미대표단 환영전단

미소공동위원회 미국 측 대표
(1946년 5월)

미소공동위원회 소련 측 대표
(1946년 5월)

미소공동위원회 덕수궁회의장을 떠나는 미국 아놀드 소장과 소련 스티코포 소장(1946년 5월 1일)

미·소 양대 세력의 대립으로 회의만 수없이 춤을 추었을 뿐 이루어지는 것 없이 한반도 내부 여러 정당의 대립과 혼란만 가중되었다. 한마디로 한반도의 통일정부 수립은 물 건너간 형세였다. 결국 미·소를 주축으로 한 자유·공산 양대진영의 대립 속에 희생양이 된 것은 한민족이었고, 남겨진 유산은 남북분단이자 갈등이었다.

이처럼 미국과 소련의 대립 속에서 한반도는 분단을 향하고 있었지만, 당시 분단이 오늘날까지 반영구적으로 지속되리라 생각한 이는 많지 않았다. 그러나 남북의 이산가족이 1세기 가깝도록 상처를 꿰매지 못하고 있으니, 불안감에 휩싸인 김구와 조완구 등 임시정부 인사들이 '도둑같이 다가온 광복'이라고 한 표현이 결국은 현실이 된 셈이었다.

한반도 현실에 대한 이승만과 김구의 생각

남북한의 단독정부 수립 이전에 남북한, 특히 남측에서는 여러 가지 일을 시도했다. 첫째, 남한의 좌우협상 노력, 둘째, 김구·김규식이 요청한 남북협상 제의와 남북협상 노력 등이 그것이다. 조완구는 좌우협상과 남북협상 노선에 섰던 해방정국의 주요 인물 중 한 사람이다.

1948년 4월 19일, 경교장 뜰이 부산했다. 새벽부터 몰려든 시민과 학생들로 술렁였다. 이들은 그날 오후 평양에서 열리는 남북연석회의에 참석하기로 한 김구의 북한행을 김일성에게 이용당하는 것일 뿐이라고 주장했다. 그러나 백범은 북한으로 향했다. 통일을 위해서는 이 길밖에 없다고 생각했다. 그러나 4개월 뒤 남북한에 각기 정부가 탄생했다. 북한을 방문하여 남북연석회의에 참석한 김구 등의 노력은 결국 무위로 끝나고 말았다.

김구의 북한행에 대해서는 북한 측의 각본에 남한의 지도자들이 춤을 춘 것, 분단을 막을 마지막 기회인지도 모르는데 남한 지도자들이 응하지 않는 것은 명분이 서지 않기 때문에 참석했다는 주장 등 여러 가지가 있다. 전자는 북한행은 김일성의 단독정권 수립책략에 이용되었다는 입장이고, 후자는 북한 측의 의도가 어떠하든 남북에 각기 정권이 수립되는 상황에서 민족과 역사 앞에서 두 지도자가 최선을 다하고자 행동했다는 주장이다.

과연 김구와 김규식, 조완구 등은 북한 측이 자신들을 이용하려는 의도가 있음을 몰랐을까? 아니면 그 점을 알았으나 정치적인 욕구가 앞섰나? 지금에 와서 그것을 논하기는 어려운 일이다. 다만 이미 분단의 길로 들어선 남한과 북한이 연석회의 참가를 통해 간단하게 통일을 이룰 수 있다고 믿었다고 보기는 어렵지 않은가 생각한다. 이렇게 김구가 김일성의 책략도 알았고, 무산될 것도 예상된 전제였다면, 오히려 다음과 같은 추정이 가능하다.

첫째, 남북통일을 위해 노력했다는 대의명분이다. 남한도 북한도 단일 정부를 구성할 것이다. 그것은 미국과 소련이 각기 남북한에 영향력을 행사하고 있었고, 이미 38도선을 경계로 남북한을 분할해 놓은 양대 강국의 입장을 놓고 보아도 분명한 일이다. 그렇다면 당장 통일을 이루지도 못하고 북한 측의 얄팍한 술수가 있다 손치더라도 최소한 통일을 위해 노력했다는 모습을 보이는 것이 당대와 후세에 바람직하다고 보지 않았을까. 그러한 가정은 광복 직후 김구와 조완구 등 임정요인을 추앙했던 이들의 증언에서도 일부 확인된다.

둘째, 어려운 가정일 수 있지만, 남한에 자유민주주의 체제의 단독정부를 구성할 만한 명분을 이승만 측에 제공하기 위해서가 아니었을까 하는 점이다. 대체로 남북협상에 참여했던 남측의 인사들은 사회주의적 성향도 물론 있었지만, 적어도 민주주의냐, 공산주의냐 선택의 길목에서는 민주주의를 선택한 우익 측 인사들이다. 이들이 미국과 이승만이 구상하던 자본주의적 민주주의 국가에 전적으로 동조하는 입장이 아니었다 해도, 개인의 자유를 존중하는 남한에 남았던 것은 양자 중에 적어도 이 체제가 더 타당하다고 여겼기 때문이다. 따라서 기왕 남북에 각기 정부가 등장하는 마당이라면, 북한의 김일성이 남북협상이라는 민족적 대의명분을 내세워 사기행각을 벌이는 것과는 상관없이 남한에서는 순수하게 통일을 위해 노력했다는 명분을 쌓을 수 있지 않은가. 그러니 성공해도 좋고 실패한다 해도 남한 측의 정부수립에 명분이 될 수 있지 않은가. 이 역시 임시정부 요인들을 만나 본 인사들의 후일담에서 엿보인다.

적어도 남북협상에 임할 당시 김구 등의 생각은 그랬을 것이라 생각하고 싶다. 김일성은 정치적 구호를 통해 남한의 정부수립을 방해하고 내부의 혼란을 조장하려는 의도가 있었다. 은밀히 공작원들을 남파하여 임시정부 요인들에게 접근한 것도 사실이다. 그렇지만 김구 등이 이승만에 대한 적대감에서 북한 측 의도에도 불구하고 김일성의 제안을 수용한 것이라는 주장은 무리하게 보인다. 김구와 조완구 등은 임시정부 활동 당시 공산당 혹은 사회주의 계열과의 마찰로 수많은 시련을 겪었다. 그들은 반공주의자들이었고, 때로 목숨까지 위협받았다. 요컨대 독립운동 기간 내내 그들은 사회주의자 내지 좌파의 공세에 골머리를 앓았던 이들이다. 그럼에도 한인들의 대단결을 위해 그들을 포용하고자 끊임없이 시달리면서도 인내해 왔다. 바로 이점이 그들의 일관된 소신이 아니었을까.

이런 입장에서 광복 이후에도 김구·김규식·조완구 등은 한민족의 분단저지라는 대의명분을 외면하지 못하고 많은 위험을 감수한 채 남북협상에 임하지 않았나 생각된다. 그 결과 당시 소련과 김일성의 북한체제 수립을 위한 선전에 이들의 순수한 열정이 악용되고, 남한에서는 공산주의자들의 횡포에 환멸을 느끼고 남하한 이들, 나아가 범세계적 공산주의의 실체와 속성을 꿰뚫어 보던 이들, 그리고 현실의 정치적 이해를 가진 다양한 집단에 의해 이들의 의도가 왜곡되거나 비난을 받고, 나아가 그들의 위상이 깎인 점도 없지 않다.

그러나 이보다 더 기가 막힌 것은 불과 2년 뒤인 1950년 김일성이 남침을 기도하여 조완구·김규식·조소앙 등 남북협상파 인사들을 납치, 그들이 북한의 극심한 정치적 박해 속에 세상을 떠난 뒤에도 한동안 '월북자'란 낙인을 찍히게 한 사실이다. 이념은 달랐지만 민족의 분단을 막아 보려던 이들에게 이중삼중의 고난을, 후손에게는 더 없는 슬픔과 비애를 맛보게 한 저간의 한반도 상황과 국외 환경을 과연 어떻게 이해하는 것이 합당할까?

대한민국 입장에서 볼 때 김구·조완구는 단정수립의 명분을, 이승만은 공산주으로부터 대한민국을 살려내 방어한 현실적인 역할을 나누어 했다는 평가를 하고 싶다. 이점에서 대한민국은 행운의 나라이다.

이승만의 단독정부 수립과 김구의 남북협상 제의

조완구가 김구·김규식 등과 북한을 방문하기 1년 전인 1947년 5월, 한국문제의 해결을 위하여 제2차 미소공동위원회가 서울에서 열렸다. 그러나 미·소 간에 고조되어 가는 냉전으로 합의가 이루어질 가능성은 희

1947년 전주에서 김구와 함께

박했다. 이에 미국은 한국문제를 국제연합으로 이관했다. 그해 11월 국제연합총회는 한국통일안을 43 : 0으로 의결했다.

결의에 의하여 1948년 1월에 국제연합 임시한국위원단이 한반도에 들어오기 시작했다. 그러나 국제연합 소련대표는 이들의 북한 방문 요청을 거부했으며, 북한 측도 미국의 제안을 반대했다. 때문에 남북을 통한 통일선거 실시는 불가능해졌다. 이에 통일문제를 민족의 자주로 해결해야 한다며 협상을 시도하자는 주장이 등장했다.

남한단독정부 수립을 주장한 한국민주당은 "남한만이라도 단독선거를 실시하여 정부를 수립한 뒤에 점진적으로 통일을 성취하자"고 했다. 앞서 김구는 임시정부의 법통을 내세워 자율정부수립을 주장하면서 이승만과 신탁통치반대운동을 벌여 오고 있었다.

사태가 이같이 전개되자 김구는 이승만과 합작을 포기하고, 김규식과 함께 남한에서 단독정부 수립을 반대했다. 김구 등은 단독정부 수립은 국토의 영구분단과 민족분열을 일으켜 동족상잔의 비극을 가져온다고 주장했다. 결국 "남북정치요인회담을 통하여 통일정부 수립을 해야 한다"는 주장으로 국론이 이승만과 김구·김규식 계열로 나뉘었다.

이런 배경 속에서 남북한의 정치협상이 제기되었다. 김구는 1948년 2월 10일 「삼천만 동포에게 읍고함」이란 성명서를 발표했다.

> 나는 통일된 조국을 건설하려다가 38도선을 베고 쓰러질지언정 일신의 구차한 안일을 취하여 단독정부를 세우는 데는 협력하지 않겠다.

이어 김구는 1948년 2월 26일 북한의 김일성과 김두봉에게 '남북 정치지도자 간의 정치협상을 통하여 통일정부 수립과 새로운 민족국가 건설에 관한 방안을 토의하자'는 내용으로 남북정치회담을 김규식과 함께 제의한 적이 있다.

이에 대해 김일성과 김두봉은 근 한 달 동안 아무런 반응도 보이지 않았다. 그러다가 3월 25일 밤 평양방송을 통해 연석회의(남북 제 정당 사회단체 대표자연석회의)를 제의해 왔다. 북조선노동당·조선민주당·천도교 청우회 및 6개 사회단체가 「남조선 단독정부 수립을 반대하는 남조선 정당 사회단체에게 고함」이란 제목으로 남조선노동당·한독당·민족자주연맹 등 남한의 17개 정당 사회단체에 초청장을 발송한다고 했다.

북한 측의 초청장은 이틀 후 김일성과 김두봉이 연서한 서한을 김구·김규식에게 전달하고자 파견된 밀사를 통해 서울에 전달되었다. 이후 남한의 정당과 사회단체는 북한에서 열리는 연석회의 참석 여부를 놓고 논의가 분분했다.

한독당과 민족자주연맹 측은 연일 대책을 논했지만 쉽게 결론을 내리지 못했다. 무엇보다 북한 측이 김구와 김규식이 제의한 남북정치회담에 대해서는 아무런 언급 없이 일방적으로 남북대표자연석회의에 초청만 했기 때문이다. 그렇게 일방적이었으니 연석회의에 참가할 명분은 없었지만, 남북협상을 제의한 마당에 막상 거부하기도 곤란하다 여겼다.

북한 측이 회답을 하지 않은 것은 유엔 소총회의 결의와 결정에 따라 태도를 정하려고 했기 때문이라고 알려져 있지만, 남한 내부에 소모적인 갈등을 유발한 것도 사실이다. 이에 김구와 김규식은 일단 참석하겠다는 원칙을 세우고 그동안 주고받은 서신을 공개하면서 남북대표자연석회의에 대한 의견을 3월 30일에 공개적으로 발표했다.

> 제1차 회합을 평양에서 하자는 것이나 라디오 방송 시에 남한에서 여하한 제의가 있었다는 것을 방송하지 않은 것을 보면 제1차 회담도 미리 다 준비한 잔치에 참여만 하라는 것이 아닌가 하는 기우도 없지 않다. 그러나 우리 두 사람은 남북회담 요구를 한 이상 가는 것이 옳다고 본다.

이러한 시도는 남북연석회의 참석에 대한 세간의 의혹을 불식시키고자 한 노력의 일단에서 비롯되었다.

김구·김규식의 남북협상 타진과 북한의 반응 16

남한 정국의 혼란과 김일성

남북정치회담 제의와 남북대표자연석회의에 대한 내용이 언론을 통해 알려지자 남한 정국이 다시 소용돌이에 휩싸였다. 이승만과 한국민주당, 미군정청은 남북정치협상의 가능성에 회의적이었다. 청년단체·학생·기독교단체·월남 인사들도 이를 적극 반대하고 나섰다. 그러나 김규식의 민족자주연맹은 남북정치협상을 지지한다는 결의문을 발표했다. 임시정부계 무정부주의자 유림柳林을 중심으로 여운형·홍명희·김봉준·엄항섭 등도 통일운동자협의회를 결성하여 남북대표자연석회의 참가와 통일촉진운동을 주장했다. 1년여 존재한 신간회의 설립과 해산 당시의 좌·우연합 어려움을 경험했지만, 이제 광복이 된 한반도에서 성공해 이뤄보겠다는 의지가 컸을 것이다.

그러자 김구와 김규식은 4월 7일 평양 측 진의를 재타진한 후 안경근과 권태양을 평양에 파견했다. 이들은 김일성과 김두봉을 만나고 돌아와 김일성의 4월 10일에 말을 전했다.

"우리가 통일을 위해 만나 이야기하는 데 아무런 조건도 있을 수 없다. 두 분 선생께서 무조건 이곳으로 오셔서 우리와 상담하시면 모든 문제는 해결된다."

이 보고에 김구는 즉시 북행을 결심했다. 한쪽은 교활했고 다른 한쪽은 순수했다. 김구는 평양으로 함께 출발하자고 김규식에게 통고했으나, 김규식은 먼저 떠날 것을 권했다. 김구 일행은 경교장을 에워싼 청년과 학생들을 따돌리고 서울을 떠나 평양으로 향했다. 이때 조완구는 조소앙·엄항섭 등 한국독립당 인사들과 함께 갔고, 조완구의 처조카인 민주독립당 대표 홍명희도 그랬다.

한편 김규식은 즉각적인 방북을 주저했다. 4월 14일에 서울에서 문화인 108명이 남북요인회담의 지지성명을 발표했다. "남북협상만이 조국의 영구분단과 동족상잔의 비극을 막는 구국의 길"이라 했다. 김규식은 민족자주연맹 간부회의를 통해 김일성에게 5개항의 북행 선행조건을 제시하면서, 그런 조건이 수락될 때 북행하겠다고 했다.

① 어떠한 형태의 독재정치도 이를 배격할 것
② 사유재산제도를 승인하는 국가를 건립할 것
③ 전국적 총선거를 통하여 통일중앙정부를 수립할 것
④ 어떠한 외국의 군사기지도 이를 제공하지 말 것
⑤ 미·소 양군의 철퇴는 양군 당국이 조건·방법·기일을 협정하여 공포할 것

장차 수립될 통일한국은 민주국가여야 하며, 미소 양군의 철수는 조건·방법·기일을 정할 것을 제시하고 있다. 김규식은 미소 양군의 철수 이후 혹시 발생할지 모를 전쟁의 위협을 사전에 배제하겠다는 기본입장을 밝힌 것이다. 거기에는 사유재산제도를 승인하라는 내용도 포함되어 있었다. 김규식의 북행을 만류하던 인사들은 김일성 측이 5개항 조건을 받아들이기는 어려울 것이라고 판단했다.

4월 18일 다시 특사로 평양에 파견된 권태양과 배성룡은 김일성이 즉석에서 5개항 조건을 수락했다는 암호를 평양방송을 통해 알려 왔다. 김일성의 생각이 그 정도라면 이제 북행이 가능하다는 판단 아래 김규식은 민족자주연맹의 대표단 16명과 함께 4월 22일 평양으로 떠났다. 앞서 4월 9일에는 80여 명의 남조선노동당과 남조선 민주주의 민족전선 대표자들이 평양으로 출발했다.

김구·김규식·조완구가 이때 방북한 동기는 순수했고, 민족의 분단을 막아야 한다는 대의명분적인 측면도 강했다. 그러나 미·소의 입장이 달랐고, 소련의 영향 아래 있던 김일성의 의도는 달랐다. 한편 북한의 실상을 목도하고 월남한 사람들, 미·소의 냉전과 한반도 주변 정세의 변화를 주시하던 이승만은 공산당과 타협은 기대난망이라고 보고, 남한만이라도 온전하게 정부를 수립해야 한다는 입장에서 단독정부 수립의 길로 나아갔다.

이상의 과정에서 한 가지 점검해 볼 만한 부분이 있다. 1948년 2월, 14개 정당과 51개의 사회단체로 구성된 중간파 정치세력 집결체인 민족자주연맹 측이 연석회의를 열었다. 이 회의는 위원장 김규식이 주재했다. 거기에 정치위원 홍명희와 원세훈元世勳 등 5명과 상무위원 안재홍安在鴻·여운홍呂運弘·최동오崔東旿·유석현劉錫鉉·이상백李相佰 등 17명이 김규식의 숙소인 삼청장에 모였다.

이 회의에서 북한의 김일성과 김두봉에게 남북요인회담의 개최를 요망하는 서한을 보내기로 결의했다. 이어 한국독립당 위원장 김구의 승낙을 얻어 김구와 김규식 두 사람의 연서로 서한을 보낼 것에 합의하고, 엄항섭嚴恒燮이 기초하여 같은 달 16일 서울의 소련군 대표부를 통해 전달해 줄 것을 의뢰했다.

이에 대하여 국제연합 임시한국위원단의 인도대표 메논K. Menon과 중화민국대표 유어만劉馭萬 등이 관심을 보였다. 북한 측 회답이 오는 대로 국제연합 소총회에 반영하겠다 했다. 메논은 국제연합 소총회의 보고연설에서 한국문제해결 4개 방안 가운데 제3안으로 "남북한 지도자회담과 같은 한국의 민족적 독립을 확립할 다른 가능성을 탐구하며, 최소한도로 그것을 주시한다"라는 방안까지 제안할 정도였다. 그러나 북한으로부터 아무런 회답이 없자, 그달 26일 국제연합 소총회는 미국대표의 제안에 따라 메논의 제1방안, 즉 "총선거는 가능한 지역인 남한에서만 추진시킨다"는 방안을 표결에 붙였다. 그 결과 31 대 2로 가결되었다.

남북협상 길 평양 을밀대에서(1948)

남북협상 길 38도선상에서
김구일행(1948)

이 보도가 국내에 전해지자 단독정부 수립을 추진하던 한국민주당과 대한독립촉성국민회를 비롯한 정당단체 대표들은 이승만을 방문하여 국제연합 소총회 결의안 통과 축하 국민대회를 열기로 하고 이후의 선거대책을 토의하는 등 축제 분위기였다. 한편 김구는 국제연합 소총회의 결의에 실망하고, "한국을 분할하는 남한단독정부도 북한인민공화국도 반대한다. 오직 남북통일을 위하여 최후까지 노력하겠다"라고 선언했다.

그뒤 북한은 김일성과 김두봉을 비롯한 9개 정당단체 대표자들의 연서로서 3월 25일의 평양방송과 서신으로 북한민주주의민족통일전선 제26차 중앙위원회의 결정을 알려 온 것이다. 앞에 언급했듯이 김구와 김규식이 보낸 서신에 대해서는 언급도 없었다. 그 내용은 4월 14일부터 평양에서 남한의 모든 민주주의 정당사회단체와 연석회의를 개최하고, 조선의 민주주의 독립국가 건설추진을 공동 목적으로 하자는 명분을 앞세우고 있었다.

결국 이 서한을 민족자주연맹·한국독립당·남조선노동당 등 17개 정당사회단체와 김구·김규식 등의 15명에게 전달하고, 단독선거를 반대하는 정당사회단체에도 전달한 데에는 두 가지 의도가 엿보인다. 하나는 남한의 이승만 측이 추진하던 단독정부 수립노선의 정당성을 약화시키자는 것, 다른 하나는 북한 측 입장을 정당화하자는 것이다.

당시 김일성은 소련의 지지 아래 이미 인민위원회를 장악하고 조선공산당 분국을 설치하면서 인민군 창설을 준비하고 있었다. 남북협상을 통해 통일정부수립을 추진하도록 하려는 국제연합 측의 제의에는 아무런 회담도 없다가 국제연합 측에서 남한단독정부 수립을 기정사실화하려 하자 이러한 제의를 했으니, 그 의도가 다른 데 있음을 보여 주는 행위였다.

요컨대 소련과 김일성은 북한에 공산당 정권을 수립하겠다는 목표가 확고했다. 이를 위한 대외적 명분쌓기와 함께 남한 내부의 교란을 통해 공산당식의 '통일'을 꿈꾸고 있었던 것이다. 이점은 불과 2년뒤 김일성이 소련과 중공의 지원하에 감행한 '6·25남침'에서 확고히 입증된다. 그럼에도 불구하고 순수한 민족주의의 입장에서 당장 통일을 갈망하는 남한의 또 다른 국민적 감정은 무조건적인 남북협상에 기대가 컸다. 사태가 이렇게 되자, 결국 김구·김규식 두 사람은 남북 간에 오고간 서한을 공개하면서 분명한 입장을 밝혔다.

"이번 회담은 그들이 준비한 잔치에 참여만 하라는 것이 아닌가 하는 기우가 없지 않으나, 우리 두 사람은 남북요인회담을 요구한 이상 가는 것이 옳다고 본다."

그동안 이승만은 남북협상에 관해서는 김규식과 양해한 바에 따라 일절 언급을 피하고 총선거 준비를 진행했던 것으로 이해된다.

대종교 인사 박찬익의 남북협상 불가론

남북협상 불가의 입장에서 김구의 북한 방문을 어떻게든 만류하고, 애초 불가능한 공산당과 협상을 포기하고, 김구와 이승만의 단결 그리고 남한 내 민족진영의 단결을 도모하고자 애쓴 인물이 있었으니 그가 다름 아닌 박찬익이다. 박찬익은 1946년 당시 귀국하지 않고 남아 남경과 봉천 등지를 돌며 조국으로 돌아가지 못해 쩔쩔매는 동포들의 귀국지원 업무를 수행하고 있었다. 1947년 말 장개석의 국민당정부군이 공산군에 밀려나고 공산군이 봉천까지 함락하는 가운데 남경에 있던 박찬익은 중국 전체가 공산화되어 가는 모습을 지켜 보았다. 그는 다가올 한반도 상황에 대해 매우 우려하였다. 건강이 급속도로 악화되어 몸져눕게 되었다.

그러던 어느 날 장개석이 박찬익에게 간곡히 부탁해 왔다.

"임정이 미군정과 자꾸 충돌하는데, 그러지 말고 미국과 손잡아서 한국 통일문제와 완전 독립문제를 먼저 해결해야 합니다. 당신이 주화대표단 단장이니 국민당의 의사를 김구 주석에게 직접 전해 주시오."

그러나 박찬익은 건강이 허락하지 않았다. 얼마 후 김학규와 교민단장이 찾아와 만주 지역의 우익인사를 구출해 내는 문제를 상의했다. 이에 박찬익은 아들 박영준과 함께 중국의 국민당 정부와 미국 측의 도움을 받아 1948년 4월 초 C47 수송기로 2천여 명의 우익 인사들을 천진으로 수송한 뒤 무사히 고국으로 돌아갈 수 있도록 조처했다.

이 무렵 국내로부터는 김구가 북한의 공산주의자들과 남북통일을 협상하기 위해 평양으로 가려 한다는 소식이 들려 왔다. 이른바 평양 남북회담의 일정이 1948년 4월 18일로 잡혔다는 소식이었다. 박찬익은 억장이 무너져 내리는 것 같았다. 만주가 거의 공산당 손아귀에 들어가고 있고, 미국의 중재하에 중국국민당과 공산당이 합작하여 무의미한 전쟁을 피해 보려 했지만, 이해가 판이하여 중국 형세가 날로 기울어 가는 것을 똑똑히 목도하지 않았는가? 박찬익은 우익 민족진영 단결이 시급하다고 보았다. 박찬익은 남북협상은 고사하고 먼저 이승만과 김구의 단결이 시급하고, 김구의 북행을 어떻게든 말려야 한다고 생각했다.

박찬익

이에 박찬익은 병중임에도 김학규와 함께 귀국했다. 그러나 교통편이 좋지 않아 상해·홍콩을 비행기로 이동한 뒤, 홍콩에서 영국 상선을 갈아타고 인천까지 오느라 지체되었다. 드디어 인천 월미도에 도착한 시각이 4월 18일 새벽, 김구가 북한으로 가는 바로 그날이었다. 근 40년 만의 귀국이었지만, 감격의 기쁨을 누릴 새도 없이 박찬익은 경교장으로 향했다. 그가 도착한 시간은 당일 오후 5시, 경교장에는 400~500명 정도의 남녀 청년들이 군데군데 모여 웅성거리고 있었다. 이들은 대부분 청년단체·학생단체·기독교단체·부인단체·월남동포들이었다. 그들은 경교장 앞마당을 둘러싸고, 북행을 결사반대한다고 열변을 토하며 김구와 면담을 요청했다. 오전 9시에 김구가 비서 선우진 등과 출발하려 하자 "선생님 기어코 가시려거든 저희들을 죽이고 가십시오"하며 아우성을 치기도 했다.

가까스로 경교장에 도착한 박찬익은 그러나 김구가 벌써 6시간 전에 떠났다는 얘기를 듣고 망연자실했다. 김구의 북행을 막아 보고자 천신만고 끝에 중국에서 달려온 모든 일이 허사로 끝난 것이다. 그는 지팡이를 짚고 천장만 뚫어지게 응시했다. 얼마 후 평양에서 돌아온 김구는 물론, 이시영·이승만 등이 경성의전병원에 입원한 박찬익을 문병하여 쾌유를 빌었다.

기력이 회복되자 박찬익은 민족의 시조 단군을 모신 대종교 본부를 찾아갔다. 그는 재정적 어려움에 처해 있던 단애종사 윤세복의 경전간행사업을 위해 자신이 지니고 온 자금과 자신의 병원 입원 당시 각계인사들로부터 모여진 위문금을 합쳐 400만 원을 희사했다. 그 돈은 이후 대종교 부흥에 요긴하게 쓰였다.

박찬익 어록비

이후 박찬익은 병세가 악화되어 건강이 더욱 쇠약해졌다. 북에서 돌아온 김구·김규식은 "양군 철퇴 후 정치회의 소집과 통일적 임시정부 조직, 총선거를 거친 헌법 제정, 자주적 민주적 통일조국의 건설방향 등을 명시한 것이며 외세의 간섭만 없으면 우리도 평화로운 국가생활을 할 수 있음을 확증했다"는 것 등을 공동성명으로 발표했다. 얼마 후 한국독립당 내에서는 평양회담이 공산당에 배신당한 것이며, 통일의 원칙만 사수하고 통일의 방법을 무시해서는 안 될 것이라며 대한민국의 지지를 전제로 조소앙 등이 한국독립당을 탈당하여 사회당을 창설하기도 했다.

이때 박찬익은 김구가 완전한 통일을 우선하여 이념을 배제하는 것에 대해 우려했다. 그는 위문을 온 김구에게 "백범 선생, 선생이 남북협상을 시도한 점은 충분히 이해하고도 남음이 있습니다. 그러나 그러한 선생의 노력이 헛되고 불가능한 것이라는 건 이번 평양 방문으로 나보다 선생이 잘 알게 되었을 것입니다. 중국의 국공협상에서도 볼 수 있듯이 본래 공산당들이란 자신의 뜻을 관철시키기 위해 제스처를 할 뿐 타협할 수 없는 인종들이오"라고 말했다. 또 그는 "분열된 민족에 있어서, 비단 남북문제의 차원을 떠나서라도 이남의 국민 자체 속에서의 분열을 막는 것이 절대 시급하기 때문입니다. 본래 협상의 의지조차 없는 것이 그들 공산당의 생리일진대, 국민들에게 공산당과 협상할 수 있다는 환상을 불러오고, 일부 용공적인 작자들이 목소리를 높일 수 있는 토대를 만들어 놓아 남북은 커녕 이남에서조차도 단결이 아닌 분열의 조짐이 보이고 있지 않습니까?"라고 했다.

이때 김구는 박찬익이 즉석에서 작성해 넘겨받은 은퇴성명서를 읽고 고개를 끄떡였다. 그러나 김구의 은퇴 결심은 일부 한국독립당 의원들의 강력한 반대에 부딪혀 번복되고 말았다. 이후 병세가 악화된 박찬익은 창신동 조그만 집에서 1949년 3월 9일 63세를 일기로 세상을 떠났다. 그는 나라의 지도자들이 합심·협력하도록 스스로 조정하지 못한 것을 슬퍼하면서, 아울러 갈라진 조국의 운명을 애통해하면서 부고도 내지 말고 조촐히 장례를 치르라는 유언을 남겼다. 그의 아들들은 대종교 교회장으로 장례를 모셨다. 조완구는 물론 이승만 대통령과 김구 외 임시정부 요인, 각 정당 사회단체대표와 주한외교사절이 참석한 가운데 단애종사 윤세복이 조사를 읽었다. 모두 그의 서거를 깊이 슬퍼했다.

17 남북협상의 파행과 임시정부 요인들의 충격

남북연석회의와 김일성

수년 전 국내의 일간지에 남북협상을 위해 북한을 방문한 백범 김구의 사진이 소개된 적이 있다. 북한 측에서 보내온 사진이라고 했다. 앞에는 김일성이 가고 몇 걸음 뒤에 백범 김구가 있었다. 어쩌다 찍을 수 있는 한 장면이지만, 중국 내륙에서 독립운동을 주도해 온 대한민국임시정부의 주석 김구에 대한 정중한 예우로서는 아쉬웠다. 독립운동의 대원로인 김구를 외면하듯 앞질러 가는 청년 김일성의 모습을 강조한 사진이었기 때문이다. 그런 사진을 수십 년 지나 구태여 남한에 보내 온 북한 측의 의도는 1949년 남북협상 당시 북한 측의 본래 목적이 어떠한 것인지 잘 보여 주는 한 장면으로도 해석되었다.

이른바 남북연석회의는 어떻게 진행되었고, 김일성의 의도는 무엇이었는가? 연석회의는 1948년 4월 19일부터 모란봉극장에서 개최되어 북측의 예정대로 진행되었다. 4월 22일 오후 회의에 비로소 조완구를

한국독립당 남북협상 대표자 환영 기념

비롯하여 김구·조소앙 이하 한국독립당 대표, 원세훈 이하 민족자주연맹 대표단, 민주독립당의 홍명희 등이 처음으로 참석했다. 그러나 김규식은 피로를 이유로 참석하지 않았다.

제1일 회의는 4월 19일 오후 1시 평양 모란봉극장에서 개막되었다. 대표자 545명이 참석한 가운데 주석단 28명이 입장하고, 김일성이 사회를 보았다. 대표심사위원 9명, 김두봉·허헌許憲 외 여러 명의 축사로 일정을 완료했다. 제2일 회의는 4월 21일 북조선 정세에 관한 김일성의 보고가 있었고, 백남운白南雲과 박헌영朴憲永의 남조선 정치정세 보고에 이어 토론이 있었다. 제3일 회의는 4월 22일 청년대표의 축하, 21일에 이은 토론이 있었고, 오후에는 김구·조소앙·조완구·엄항섭(이상 한국독립당), 원세훈·김붕준金朋濬·최동오·윤기섭尹琦燮·송남헌宋南憲·신숙申肅(이상 민족자주연맹)·홍명희(민주독립당)가 입장하여 김구·조소앙·조완구·홍명희 등 4명을 주석단으로 선정하였다.

오후에 김구·조소앙·홍명희의 축사가 있었고, 이극로李克魯의 인사, 혁명가 유가족학원(뒤에 만경대학원) 학생대표의 축하가 있은 다음 홍명희와 엄항섭 두 사람을 결정서 기초위원으로 보선하고, 토론을 재개하여 저녁 7시경 폐회했다.

제4일 회의는 4월 23일 김원봉의 사회로 개회하여 북조선여성대표의 축사, 이어 홍명희의 「남조선정치정세에 관한 결정서」 낭독이 있은 다음 이것을 만장일치로 결의한 뒤, 본회의의 이름으로 「삼천만 동포에게 호소하는 격문」을 채택하였다. 이극로가 이를 낭독한 후 회의에 참가한 16개 정당대표와 40개 단체대표가 서명했다.

4월 25일 오전 11시부터 김일성광장에서 34만 명의 연석회의 축하 대행진과 시민대회, 오후 4시부터 북조선 인민위원 회의실에서 김일성 초대연으로 마쳤다. 제5일 회의는 4월 26일 미·소 양군의 즉각 철군을 요청하는 메시지를 양국에 전달할 것을 결의·채택하고, 허헌의 남조선 대책보고연설이 있은 뒤 단선단정 반대 전국투쟁위원회를 결성할 것을 결의했다. 이것으로 연석회의의 공식 일정은 끝났다. 결국 김일성의 목표는 남한 내 단독정부 수립에 대한 성토장이 되고 말았다. 그것은 곧이어 등장한 '조선인민공화국' 수립의 변호이기도 했다.

이후 열린 것이 '전조선 제정당사회단체 지도자협의회'이다. 4월 26일 연석회의의 공식 일정이 끝나자 27일부터 4일간 조완구는 김구·김규식·조소앙·홍명희·김붕준·이극로·엄항섭·김일성·김두봉·허헌·박헌영·최용건·주영하·백남운 등과 15명으로 구성된 남북요인회담을 열어 김규식이 제시한 5개 항 조건을 토의하였다. 이어 남북통일정부 수립방안을 작성했다.

① 소련이 제의한 바와 같이 우리 강토에서 외국군대가 즉시 철거하는 것이 조선문제를 해결하는 유리한 방법이다.
② 남북정당사회단체지도자들은 우리 강토에서 외국 군대가 철퇴한 뒤에 내전이 발생할 수 없다는 것을 확인한다.
③ 외국 군대가 철퇴한 이후 다음 연석회의에 참가한 모든 정당사회단체들은 공동명의로 전조선정치회의를 소집하여 임시정부를 수립하고 통일적 조선입법기관을 선거하여 통일적 민주정부를 수립해야 한다.
④ 위의 사실에 의거하여 이 성명서에 서명한 모든 정당사회단체는 남조선 단독선거의 결과를 결코 인정하지 않을 것이며 지지하지도 않을 것이다.

이어 '4김회담'이라고 하여 김구·김규식·김일성·김두봉이 남북요인회담을 진행했다. 그 사이 김두봉은 과거 중국에서 독립운동 시절 동지였던 임정계 인사들과 기타 인사들을 초청하여 초대연을 겸한 자리에서 4김에게 다음의 내용에 대한 합의를 제안했다.

① 연백평야에 공급 중단한 수리조합 개방
② 남한에 공급 중단한 전력의 지속적 송전
③ 조만식의 월남 허용
④ 만주 여순에 있는 안중근 유골의 국내 이장

김일성은 수리조합 개방과 전력 공급 문제를 즉석에서 수락했지만, 조만식의 월남과 안중근 유골의 국내 이장 문제는 뒤로 미루었다. 그러나 김구와 김규식이 서울로 돌아와 국민들에게 이 사실을 발표한 며칠 뒤, 김일성은 수리조합과 전력송전마저 중단하고 약속을 이행하지 않았다. 김일성은 이것을 5·10선거에 대한 제동이라고 변명했지만, "그들과 협조가 불가능한 것은 아니며 무슨 일이 있어도 송전을 중단하지 않겠다"는 김일성의 약속을 강조하던 김규식에게는 특히 큰 타격이었다. 결국 김일성의 약속위반으로 남북협상은 아무런 현실적 성과도 거두지 못하고 공염불이 되었다. 나아가 이것은 대한민국 정부 수립과정에서 통일정부의 수립을 꾀했던 인사들이 배제되는 결과를 낳았다.

이 상황에서 서울로 돌아온 일행은 5월 10일 총선에 참여하지 않고, 단독정부 수립에 반대하는 세력을 모아 민족문제의 자주적 해결을 목표로 통일독립촉진회를 결성했다. 남북연석회의에서 남한의 단독정부 수립을 반대하고, 미·소 양군의 철수를 결의한 데 따라, 유엔의 결정에 따

서울시청 앞에서 열린 유엔데이(1950년 10월 24일)

른 남한만의 단독선거를 저지하고 민족통일문제를 논의하자는 내용이었다.

조완구와 김구·김규식 등은 대의명분을 중시한 애국자이자 민족주의자였다. 그러나 상대는 김일성이었고, 그 뒤에 소련이 있었다. 김일성은 남북연석회의를 철저히 이용하고 있었다. 남북연석회의는 이처럼 문제점이 많았지만, 이들의 노력은 분단을 반대하고 사상과 이념을 넘어 민족의 결단과 단결을 추구하자는 것, 분단의 평화적 해결을 모색하자는 것 등에서 그 의미를 찾을 수 있을 것이다. 남북연석회의에 참여한 인사들은 많은 난관에도 불구하고 민족적 대의를 추구하고자 했음에도, 연석회의 당일과 이후 북한 측이 보여준 행태 그리고 무엇보다 소련과 중공의 지원하의 6·25전쟁으로 무참하게 그 뜻이 왜곡되었다.

남북협상은 이후 미소냉전이라는 국제정세하에서도 민족의 분열을 막고 하나의 국가를 수립하자는 명분에 의해 그의 실현 가능성은 차치하고라도 오늘날까지 중요한 화두가 되어 왔다. 그런 점에서 남북협상은 개인이나 집단의 정략적 고려를 떠나 몇 가지 시사하는 점이 있다. 즉 이승만의 주도에 의한 남한의 단독정부 수립, 요컨대 대한민국 정부의 수립이 김일성이나 소련·중공의 존재와 의도로 보아 불가피한 것이었고, 나아가 대한민국 정부 수립에 정당성을 확립해 준 효과가 있었음을 부인할 수 없다. 바로 그런 의미를 갖는 일에 김구·김규식·조완구 등 대한민국임시정부 주요 인사의 희생이 따랐던 점은 아이러니이기도 하다.

18 대한민국 정부 수립과 조선민주주의인민공화국

두 개 정부의 등장과 상이한 국가 상징

결국 1948년 남북한에는 각기 대한민국과 조선민주주의인민공화국이 등장했다. 1948년 7월 17일 제정 당시 대한민국헌법의 전문에는 이렇게 밝히고 있다.

> 유구한 역사와 전통에 빛나는 우리들 대한 국민은 기미 3·1운동으로 대한 민국을 건립하여 세계에 선포한 위대한 독립 정신을 계승하여 이제 민주 독립 국가를 재건함에 있어서 정의, 인도와 동포애로써 민족의 단결을 공고히 하며 모든 사회적 폐습을 타파하고 민주주의 제 제도를 수립하여 정치, 경제, 사회 문화의 모든 영역에 있어서 각인의 기회를 균등히 하고 능력을 최고도로 발휘케 하며 각인의 책임과 의무를 완수케 하여 안으로는 국민 생활의 균등한 향상을 기하고 밖으로는 항구적인 국제 평화의 유지에 노력하여 우리들과 우리들의 자손의 안전과 자유와 행

복을 확보할 것을 결의하고 우리들의 정당 도 자유로이 선거된 대표로써 구성된 국회에서 단기 4281년 7월 12일 이 헌법을 제정한다.

[대한 민국 관보] 제1호 1948년 9월 1일

여기서 보듯 제헌 헌법에서는 3 · 1운동의 결과 건립된 대한 민국의 독립정신을 계승한다고 하였다. 이후 4 · 19와 5 · 16을 거치면서 수차의 개정을 거친 뒤 1987년 10월 29일 개정된 대한민국헌법 전문에서는 대한민국은 대한민국임시정부의 법통을 계승한다고 다음과 같이 밝히고 있다.

유구한 역사와 전통에 빛나는 우리 대한민국은 3 · 1운동으로 건립된 대한민국임시정부의 법통法統과 불의에 항거한 4 · 19민주이념을 계승하고, 조국의 민주개혁과 평화적 통일의 사명에 입각하여 정의 · 인도와 동포애로써 민족의 단결을 공고히 하고, 모든 사회적 폐습과 불의를 타파하며, 자율과 조화를 바탕으로 자유민주적 기본질서를 더욱 확고히 하여 정치 · 경제 · 사회 · 문화의 모든 영역에 있어서 각인各人의 기회를 균등히 하고, 능력을 최고도로 발휘하게 하며, 자유와 권리에 따르는 책임과 의무를 완수하게 하여, 안으로는 국민생활의 균등한 향상을 기하고 밖으로는 항구적인 세계평화와 인류공영人類共榮에 이바지함으로써 우리들과 우리들의 자손의 안전과 자유과 행복을 영원히 확보할 것을 다짐하면서 1948년 7월 12일에 제정되고 8차에 걸쳐 개정된 헌법을 이제 국회의 의결을 거쳐 국민투표에 의하여 개정한다.

1987년 10월 29일

대한민국 정부수립 기념 및 맥아더 장군 방한 환영 현수막(1948년 8월 15일)

대한민국의 '독립정신을 계승하고'가 대한민국임시정부의 '법통을 계승하고'로 수정되었고, 4·19민주이념 등이 언급되어 있다. 그렇다면 대한의 국호는 어디서 유래하는가? 앞에 언급했듯이 대한이란 이름은 1919년 4월 10일 상해 임시의정원 회의에서 대한제국에서 쓰인 국호를 계승하여 택한 것이다. 그렇다면 대한제국의 국호는 어디서 유래하는가? 결론부터 말하면 고대의 삼한에서 유래한 것이다. 1897년 10월 황제즉위와 제국 선포에 즈음하여 고종은 "역대의 기록을 살펴보건대 한韓이란 우리나라의 고유한 이름이다. 그러나 조선이란 기자조선에서 유래한 것이다. 이제 제국을 선포하면서 마한·진한·변한 등 삼한의 옛 땅을 통합한 큰 한이라는 의미에서 대한大韓으로 국호를 정하는 것이 어떠한가?" 물었고, 대신들이 합당하다고 진언했다.

대한제국 선포 당시 국호를 대한으로 정한 이유는 무엇일까? 조선이란 국호는 조선 스스로가 정한 것이라기보다는 명의 황제에게 상주하여 명의 황제가 선정해 준 것이었다. 아울러 조선은 중국에서 봉해 준 제후의 나라 기자조선을 연상시킨다고 보았다. 자주독립을 선포하는 마당에 중국에 사대조공하는 나라로 중국이 정해 준 이름보다는 대한이라는 이름이 자주독립을 지향하는 나라의 이름으로 타당하다고 보았던 것이다. 이렇게 하여 대한이란 국호가 등장하게 되었다.

이상을 더듬어 보면 대한민국은 대한민국임시정부의 국호를, 대한민국임시정부는 대한제국의 국호를, 대한제국은 삼한의 이름에 상징성을 부여하여 국호를 정했음을 알 수 있다. '대한'이란 국호의 이와 같은 형식논리상의 연속성은 국가의 여타 상징에서도 잘 드러난다.

오늘날 대한민국의 국기는 4괘의 문양이 있는 태극기, 국가는 "동해물과 백두산이 마르고 닳도록 ……"으로 시작되는 현행의 애국가이며, 나라꽃은 무궁화이다. 이들 대한민국의 국가 상징은 조선을 거쳐 대한제국, 대한민국임시정부, 대한민국의 건국에 이르기까지 수많은 시련을 거치면서 더욱 공고히 한민족의 가슴에 각인되어 왔다.

2002년 한일월드컵을 지나면서 대한민국의 국호에 대한 자긍심은 물론 애국가·무궁화·태극기에 대한 자긍심이 크게 향상되기에 이르렀다. 많은 한국의 젊은이들은 태극기 문양이 그려진 티셔츠를 입고 '대한민국'을 연호하며 한국팀을 응원했고, 얼굴은 물론 팔뚝에도 태극기 문양을 그려 넣어 자랑스럽게 여겼다. 이때 와서 해외인들도 대한민국이란 무엇을 의미하는지, 태극기의 상징성이 무엇인지 등에 대한 관심이

폭발적으로 확대되었다. 2002년 한일월드컵은 대한민국 국가 상징의 의미를 깊이 인식하는 계기가 되었다.

조선민주주의인민공화국의 국가 상징

1948년 북한에서는 조선을 국호로 택했다. 남한의 대한민국과는 나라 이름이 다를 뿐만 아니라 국가 상징 또한 다르다. 사실상 수천 년의 한국사를 돌아볼 때 조선을 택하든 대한을 택하든 격이나 정통성에 차별을 둘 것까지는 없다. 중요한 것은 각기 표방하고 있는 국가의 상징이 어떠한 것이냐이다. 이 점에서 남한과 북한은 매우 다르다.

8·15광복 직후만 해도 북한에서는 태극기를 국기로 사용한 바 있다. 김일성이 대중연설을 할 때 연단 뒤에는 태극기가 걸려 있곤 했다. 그러나 이후 북한의 국기는 붉은 바탕에 청색 문양이 있는 '인공기'로 정해졌고, 나라의 노래는 김일성의 지시로 작사했다는 '애국가', 나라의 꽃 역시 김일성의 지시로 지정되었다는 '목란'이다.

이들 북한의 상징은 '조선'이란 국호를 제외하면, 전통시대 조선이나 대한제국의 국가 상징과 무관하다. 그렇다고 대한제국 혹은 대한민국임시정부의 그것과 유관한 것도 아니다. 북한의 경우 국가 상징이란 측면에서 놓고 볼 때 전통시대는 물론 근대와도 무관한 독특한 형태인 셈이다. 대부분의 나라가 전통시대의 문화와 역사를 이어가면서 국가사의 연속성을 강조하고 있는 현상에 비추어 볼 때 북한의 경우는 국가 상징에 '혁명적' 변화를 택한 셈이다.

이렇게 된 이유는 북한에서 공산주의체제를 택한 대신, 남한에서 대한민국임시정부의 법통을 이어 자유민주주의체제의 대한민국정부가 수립된 데 대한 대응논리이기도 할 것이다. 그렇다고 해도 19세기 말에 등장한 대한제국의 존재나 의미까지 북한의 역사교과서에서 배제하거나 부인한 현상은 어떻게 보아도 합당한 역사 인식은 아닌 것 같다.

8·15광복 직후 하나의 통일된 국가가 한반도에 탄생했다면, 현재 대한민국의 국가 상징은 거기에서도 변하지 않고 이어졌을 가능성이 매우 높다. 그리고 앞으로도 통일된 한국이 등장할 경우, 근대의 조선 이래 지속되어 온 국가 상징은 중요한 고려대상이 될 것이 틀림없다. 그 속에는 적어도 개항 이래 8·15광복에 이르기까지 근 한 세기에 걸쳐 면면히 지속되어 온 한국인들의 고난과 영광의 역사가 고스란히 담겨 있기 때문이다.

민족분단에 대한 조완구의 탄식

광복 직후 민족의 분단에 대한 조완구의 생각과 행동은 어떠했을까? 임정요인 제2진과 함께 12월 2일 귀국한 조완구는 다음날 김구가 머물던 경교장을 방문했다. 그곳이 국내의 임시정부 청사나 마찬가지였다. 경교장에 모인 임시정부의 국무위원들은 국무회의를 개최했다. 개인 자격으로 들어왔지만, 임시정부로서 활동을 국내에서 시작한 셈이다. 이때 조완구는 이렇게 말했다.

내가 본국을 등지고 해외로 망명할 때 대단한 일을 하고자 간 것이 아니고, 나라 되어 가는 꼴이 안연히 앉아서 볼 수가 없어서 피해 갔으며, 그렇다고 누구들처럼 중도에 어정어정 기어들어 올 수는 더욱 없어서 떠돌아다니다가 미군이 비행기 태워 주기에 돌아왔다. 그런데 지금 나라꼴이 이 지경으로 두 동강이 났고 제각기 제 목소리만 높이며 분열에 분열을 거듭하니 우리가 나라를 찾겠다고 발버둥 치며 완전한 통일독립을 바라던 것이 고작 이것이란 말인가? 참으로 우리의 앞길은 멀고도 험난하다. 우리가 모진 괴로움을 참으며 수십 년을 싸운 것은 나라 없는 백성이 될 수 없어서 발버둥 친 것이지 우리나라를 여우의 손에서 뺏어서 이리나 늑대에게 나누어 주려고 애쓴 것은 아니지 않는가.

한국은 38도선으로 두 동강이 나고, 북쪽에는 소련군이, 남쪽에는 미군이 군정을 실시하고 있었으니, 미·소가 제국주의국가 일본으로부터 우리를 해방시킨 대가는 국토분단이라는 주장이었다.

조완구는 환국한 후 대종교의 주요 간부로 활동했다. 다른 한편 임시정부의 기능을 유지하고자 했다. 임시정부가 밝힌 대로 과도정권을 수립하고 과도정권에 임시정부의 모든 것을 인계하고자 노력했다. 그러나 소련이나 미국 모두 임시정부의 존재를 인정하지 않았고, 임시정부의 활동을 가로막았다. 북한의 경우는 소련의 강력한 영향하에 청년 김일성을 앞세워 일사분란하게 새로운 체제가 구축되어 갔지만, 남한의 경우는 미국의 영향하에 상대적으로 자유로운 분위기였지만, 미군정 측과 국내 집단의 갈등, 나아가 이승만·김구·김규식 등이 각기 자신의 목소리를 내는 가운데 좌우로도 분열되고, 임시정부 요인들도 주장을 달리하며 혼란을 보이던 상황이었다.

이때 조완구는 국내에서도 임시정부를 지키고자 했다. 이런 입장에서 남한에서의 단독정부 수립에 반대하고 남북통일정부 수립을 위해 노력했다. 그의 연장선에서 1948년 4월에는 김구·김규식·조소앙 등과 평양을 방문하여 남북협상에 참여했던 것이다. 그러나 김일성은 물론 그를 앞세운 소련의 생각도 미국의 생각도 달랐고, 결국 남과 북에 별도의 정부가 수립되는 수순이었다.

백범 김구의 암살과 조완구

남한과 북한에 각기 대한민국과 조선민주주의인민공화국이 등장한 지근 1년이 다 되어 가던 1949년 6월 26일 김구의 숙소인 경교장에서 4발의 총성이 울렸다. 이북에서 공산당을 피해 월남한 청년이자 육군소위 안두희가 김구에게 발사한 권총소리였다. 임시정부 역사 27년 동안 조완구 등과 생사고락을 함께한 임시정부의 주석 김구는 그렇게 운명했다.

조완구 등 임정요인들에게 그 소식은 하늘이 무너지는 충격이었다. 조완구는 김구의 장례식을 국민장으로 할 것을 주장했고, 장례행렬은 서울운동장에서 효창공원까지 이어졌다. 조완구는 효창공원 내 김구의 묘비문을 작성했다. 이후 백범김구선생기념사업협회가 발족되고, 조완구는 초대회장으로 각종 계획을 입안했다. 그러나 이듬해 6·25전쟁이 발발하고, 동족상잔의 비극이 빚어지는 와중에 임시정부 요인들이 납북되면서 백범김구선생기념사업협회는 유명무실한 상태가 되었다.

김구가 세상을 떠난 후 조완구는 삶의 허무와 무상을 느끼고, 세상과 단절했다. 심신이 허탈 상태에 빠진 조완구는 이듬해 6·25남침이 시작되었을 때 피난의 권고도 거절하고 꼼짝 않고 집에 있었다. 6월 28일 급기야 서울이 인민군에게 점령당하자 인민위원회에서 한미장의 아래층을 점령하기 시작했다. 인민위원회 간부라는 자들이 줄곧 문안이라는 명목으로 감시를 지속하더니 결국 한미장을 빼앗았고, 조완구는 퇴계로의 풍전아파트로 9월 18일 옮겨간 한 달 뒤 "소앙의 집으로 오란다"는 말을 딸에게 남기고 납북되었다. 김규식·조소앙·엄항섭·김붕준 등과 함께 납북되었다. 외손녀(조맹숙)는 할아버지에게 "꽈배기 사와!" 말하자, 그쪽 사람이 푼돈을 쥐어 주었다고 한다. 참으로 하늘도 노하고 땅도 기가 막힐 노릇이었다. 조완구가 30여 년 만에 만난 딸은 불과 5년 만에 다시 생이별하게 되었고, 그것은 이승에서의 마지막 이별이었다.

이후 임정 요인들과 납북 요인들의 생활과 최후에 대해서는 오랫동안 알려지지 않다가 1990년대 접어들어 비교적 자세히 알려지기 시작했다. 전 북한조국통일 민주전선 부국장이자 정무원 부부장을 지낸 신경완申敬完의 증언을 통해서였다. 남북 요인들의 삶을 가장 가까이에서 목도한 인물의 증언이다. 비록 일부 오류가 있다 해도 현재로서는 가장 귀중하고 사실에 가까운 내용을 담고 있으리라 생각된다. 이하에서는 그의 증언을 토대로 조완구와 납북 인사들의 이야기를 정리하고자 한다.

19 6·25전쟁과 임시정부 요인들의 피랍

남한의 '북진통일' 구호와 중공·소련의 북한군 지원

1950년 북한의 남침으로 야기된 6·25전쟁은 한국사상 가장 비극적인 동족상잔의 참극이었다. 전쟁은 남북분단을 고착시키고, 1천만 이산가족을 남겼다. 이 전쟁으로 남북한 양측에 500여 만 명의 사상자를 발생시켰고, 전 세계 17개 유엔 참전국 젊은이 수만 명의 희생은 물론, 참전 중공군도 막대한 희생을 자초했다. 이 전쟁이야말로 남북한은 물론 자유진영과 공산진영 모두에게 막대한 희생을 낳은 비극이다.

돌이켜 보면 현재까지도 남북한의 평화적 접근을 어렵게 한 가장 결정적인 걸림돌이 사실상 이 전쟁이다. 이러한 6·25전쟁의 비극은 광복 직후 환국한 임시정부 인사들도 비껴 가지 못했다. 일부 좌파계열 인사들이 월북하거나 북한에 남은 데에는 당시 김일성이나 북한 공산주의체제의 실체를 정확히 알지 못한데다가 남한에서 미국의 영향하에 이승만의 단독정부 수립에 대한 반발심리가 작용한 점도 물론 있다. 아울러 민

중공군 개입 이후 다수의 희생자가 생긴 죽음의 행진

족의 통일과 분단의 저지라는 대의명분과 더 나아가 통일의 이상과 가치를 우선시한 때문이기도 하다.

6·25전쟁은 남한 정부가 전혀 예기치 못한 것이었다. 그때까지 남북간에 38도선을 두고 상호 비방이 있었고, 남한에서는 이승만 정부의 '북진통일' 구호가 있었지만, 그것은 공허한 구호였다. 남한에는 탱크도 없었고 대전차포도 없었다. 정찰용 경비행기 몇 대 외에는 전투기가 단 한 대도 없었다. 해군도 성금을 모아 미국에서 쓰던 중고품 군함 한 척을 겨우 구입하여 대한민국도 이제 군함을 갖추었다고 흥분하던 때였다. 한국의 국방태세는 전쟁은 고사하고 자위력에도 못미치는 수준이었다.

북한은 '민족해방전쟁'이라는 명목하에 확고부동한 남침 목적이 있었고, 전쟁 준비가 되어 있었다. 정부수립 이전인 1948년 2월 북한은 조선인민군을 창설했다. 그렇다고 군사체제가 당장에 정비된 것은 아니지만, 이후 1~2년 사이에 전쟁 준비를 완료했다. 그것은 소련과 중공의 군사적 지원과 약속으로 가능했다. 1949년 3월 북한의 김일성이 소련을 방문하여, 남침 가능성을 타진했을 때 스탈린은 대규모 군사원조를 약속했다.

한편 1949년 10월 중국 대륙에서는 모택동의 공산당 정부가 장개석의 국민당 정부를 대만으로 축출하고 중화인민공화국을 수립했다. 이때 중공군에 편입되었던 2개 사단의 한인 병력(1942년 창설된 조선의용군 약 3만 명)을 북한에서 접수했다. 중국의 공산화는 세계의 공산화를 꿈꾸던 스탈린, 독립운동의 원로들에 비해 짧은 항일운동 경력과 북한에서의 불안정한 입지를 '민족해방전쟁'으로 돌파하려던 김일성에게 적지 않은 자극제가 되었다.

이 상황에서 미국의 한 가지 조치가 김일성의 남침 욕구를 부채질 했다. 1950년 1월 미국무장관 애치슨Dean G. Acheson은 한국과 대만이 미국의 태평양방위선에 포함되지 않는다는 연설을 했다. 스탈린·모택동·김일성 모두에게 이 선언은 유혹적이었다. 남침할 경우 미국은 개입하지 않을 것이라고 판단할 만한 조치였다. 1950년 2월 중공과 소련은 상호우호동맹조약을 체결했고, 스탈린은 김일성의 지원요청을 수락하면서 모택동과 협의하라 했다. 김일성과 모택동의 5월회담에서 모택동은 미국이 전쟁에 개입한다면 중공도 개입할 것을 약속했다. 이후 소련은 북한에 신형 탱크 등 대규모 군사원조를 했다.

김일성은 이렇게 소련과 중공의 지원하에 남침을 감행했다. 1950년 6월 25일 새벽. 38도선 전역에서 북한군의 대규모 포사격이 시작되었다. 북한군의 작전 제1단계는 38도선을 돌파하여 서울－원주－삼척을 연결하는 선까지 남하하는 것이었고, 제2단계는 군산－대구－포항을 연결하는 선까지 확보하는 것이었으며, 제3단계는 부산－여수－목포를 연결하는 남해안까지 확보하는 것이었다.

국군은 소련제 탱크 200여 대를 앞세운 북한군에 육탄전으로 맞섰지만, 서울은 3일 만에 점령당했고, 한강을 방어선으로 남한군과 북한군이 대치했다. 이때 한국을 급거 방문한 미국 태평양함대 사령관 더글러스 맥아더가 한강 방어선을 직접 시찰하고 일본에 돌아간 뒤 한국의 공산화를 막기 위한 미국의 지원을 요청했다. 그 사이 북한군은 파죽지세로 진격하여 7월 20일 대전을 함락했고, 7월 말에는 낙동강까지 밀고 내려왔다.

북한 남침에 대해 유엔에서는 즉각 안전보장이사회를 열었다. 북한의 적대행위 중지와 38도선 이북으로 철수를 촉구하는 결의문을 채택했다. 그러나 남침은 지속되었고, 안정보장이사회는 회원국에게 한국에 대한 원조를 권고했다. 그 결과 유엔군사령부가 구성되었고, '17개 참전국'이 참전하면서, 한국군의 지휘권은 유엔군사령관의 지휘하에 이양되었다. 유엔이 창립된 이래 처음으로 가장 빠르게 구성된 연합군이자 연합작전이었다.

한국전쟁을 알리는 외국신문기사(1950년 6월)

유엔의 결정과 유엔군의 참전은 김일성의 예상과 달리 신속했다. 유엔군이 최초로 북한군과 조우한 것은 7월 5일, 낙동강 방어선에서 공방이 지속되었다. 바로 이런 전세를 뒤집어 엎은 것이 9월 15일 개시된 인천상륙작전이었다. 인천상륙작전의 성공으로 유엔군은 9월 28일 서울을 수복했고, 낙동강 방어선을 지키던 유엔군과 국군은 북진을 지속했다. 마침내 10월 1일 국군이 38도선을 단독으로 돌파하였다. 국군은 10월 18일 평양을 점령하고, 10월 26일 압록강변까지 진격했다. 이어 유엔군은 함북 청진을 점령했다.

전세는 그러나 중공군의 개입으로 다시 역전되었다. 중국은 전통적

중공군의 개입과 유엔군의 진격

으로 '입술이 없으면 이가 시리다脣亡齒寒'는 논리로 한반도 사태에 개입했다. 19세기말 임오군란·갑신정변 때도 그랬고, 동학농민운동 때도 그랬다. 중공군 공세는 10월 말 시작되어 11월에는 유엔군에 심각한 타격을 주었다. 1951년 1월 초 유엔군은 서울을 내어 주고, 흥남에서는 군인과 민간인 20만 여 명을 철수하는 '흥남철수작전'을 펼쳐야 했다.

한강 이남으로 진격하면서 중공군은 보급선이 길어졌고, 유엔군은 공습으로 대응했다. 북한의 공군력이 밀리자 소련 전투기들이 비밀리에 참전했다. 이후 전력을 수습한 유엔군은 다시 서울을 수복했고, 38도선 부근에서 교착된 전황은 지구전 양상을 띠었다. 이후 남한의 북진 의지와는 무관하게 유엔군과 북한군 사이에 정전회담이 이루어졌다.

김일성의 '모시기작전'과 임시정부 요인들의 피랍

6·25전쟁 당시 서울은 피난하지 못한 임시정부 인사들에게 무덤과도 같았다. 당시 서울에 남아 있던 조완구는 물론, 김규식·조소앙·김붕준·원세훈·유동렬·윤기섭·최동오·오하영·엄항섭 등 임시정부 요인들은 맥아더 장군의 9·18인천상륙작전 직후 북한 측에 납북되어 끝내 돌아오지 못하고 북한에서 고초를 겪다 타계했다. 안재홍·박열·백관수·정인보·이광수·방응모 등 국회의원·정당·사회단체 인사들도 마찬가지였다. 이들이 납북된 것은 김일성의 이른바 '모시기작전'에 따른 것이었다.

북한군의 남침 이후 서울에 있던 임시정부 인사 중 대한민국 정부 수립에 참여하여 활동한 인사들은 대체로 공산당의 보복을 예상하고 피난했다. 그러나 남북의 통일을 위해 북한 측과 회담을 추구했던 인사들은 피난을 하지 않고 한미장 혹은 자택에서 사태를 관망하고 있었다. 해방된 남한에서 정부에 참여하지 않은 임시정부 인사들에게 설마 무슨 해를 끼치랴 하는 생각도 있었을 것이다. 그러나 어린 인민군, 완장 차고 총검을 든 채 질주하는 내무서원과 자위대원, 남로당원이 골목골목을 누비는 가운데 서울의 분위기는 음산했다.

그러던 중 8·15광복 5주년을 앞두고 한미장에 거주하던 사람들이 인민위원회에 쫓겨나 분산되었다. 조완구의 가족은 풍전아파트 아래층으로 강제 이주되었다. 그러나 유엔군의 인천상륙 이후 후퇴를 앞두고 그들은 임시정부 요인들을 조소앙의 집으로 연행한 뒤 납치했다.

북측에서는 이미 7월 4일 김일성의 '모시기작전' 지시에 따라 남파된 공작원들이 임정 요인들을 감시하고 있었다. 그들은 정보수집·확인그룹·모시기그룹·감찰그룹·심사그룹·보장그룹 등으로 구성되었다. 이들은 정보국과 당에서 파견했다. 이들은 7월 5일 작전을 개시하여 우익정당(한국독립당·민주독립당·민족자주연맹·국민당·한국민주당 등)과 국회 또는 남로당과 북로당 조직의 프락치로 공작했던 이들로 요인들의 정보와 소재를 알 수 있는 사람들이었다. 다음날 30개 정보공작조가 일제히 활동을 개시하여 임시정부 요인의 소재를 탐지한 후 모두 연행했다.

일부 자진출두한 인사들도 있지만, 대부분 권유 혹은 강제에 따른 것이었다. 당시 강제연행된 이들은 조완구를 비롯하여 김규식·조소앙·김붕준·유동렬·최동오·윤기섭·엄항섭·원세훈 등 임정 요인과 오하영·안재홍·박열·백관수·정광호·정인보·이광수·최규동·방응모·명제세 등 남한의 정당과 사회단체 인사들이었다.

당초 북한측 지도부는 이들을 회유하고자 광복기념회에 초청하는가 하면 박헌영·이승엽·홍명희·김원봉 등 고위 인사들과 접촉하도록 했고, 임정 요인들에게는 "전쟁 전과 다름없는 정치적 지위, 즉 민족진영의 대표이자 지도자로 인정하고 예우하며 남북정치세력 가운데 유일한 정치세력으로 독자적 정치활동을 보장하겠다"고 약속했다고 한다.

노동당 군사위원회에서는 이들을 재교양하여 통일전선을 강화하려는 목적으로 남한의 저명인사를 5가지로 분류했다. 즉 ① 북한의 정권

민족의 얼 위패 봉안소(납북독립운동가 영위)

수립에 참여한 남한의 정당(조국통일민주주의전선에 가담한 정당과 단체소속 잔류 인물), ② 남한의 정부와 국회, 정당, 사회단체에 잠복하여 활동한 북한의 프락치, ③ 1948년 4월 남북정치협상에 참여한 정당, 사회단체 지도자와 개인, ④ 자수 혹은 자발적 협력자, ⑤ 연행 체포해야 할 인사 등이 그것이다.

이 중 조완구는 남북정치협상에 참여한 인사로 분류되었다. 이들은 '준동맹자'로서 통일전선을 형성한 바 있고, 남북정치세력의 중간층으로 애국적 민주주의 세력을 대표하는 집단임을 고려, 예우해야한다고 했다. 특별취급대상이자 통일전선 협상대상이었던 것이다. 이미 7월 하순과 말경 1~2차에 걸쳐 평양으로 출발한 이들이 있었다.

조완구는 김규식·조소앙·안재홍 등과 함께 연로한 인사로 자택 혹은 성북동과 성남호텔 등에 연금되어 감시하에 있었다. 그러다가 유엔군의 인천상륙으로 북한군이 후퇴하면서 먼저 9월 18일 조소앙 댁에 집결시켰다. 조완구 등은 "우리는 집으로 돌아가야지 북쪽으로는 못 간다"고 했지만, 그런 주장도 아랑곳없이 군복을 입히고 강제로 차에 태워 9월 27일 성북동 – 삼선교 고개 – 종로 – 수색을 거쳐 북으로 끌려 갔다. 참으로 어이없는 비극이자 한 많은 납북인사 행렬 중 하나였다.

20 압록강변의 겨울과 조완구의 운명

납북 인사들의 고난과 김규식의 비극

납북되어 가는 조완구 일행은 도중에 공습 등으로 수차례 고비를 넘겼으나 황해도 서흥에서 방응모·김봉준 등이 숨졌다. 이후 걷다가 마차 타기를 번복하면서, 거룻배를 타고 대동강을 건너 대성산 골짜기에 도착했다. 함께 서울을 떠난 30인 중 그곳에 도착하니 조완구와 김규식·조소앙·오하영·윤기섭·유동렬·안재홍·최동오 등 25인만 남았다. 이후 미군의 평양공습이 이어지는 가운데 10월 12일 밤 강계로 강제 이송되었다.

이후에도 이동을 계속하다가 일행 중 유동렬의 노환이 악화되어 10월 18일 회천 부근에서 최동오의 무릎에 몸을 기댄 채 결국 숨을 거두었다. 임시정부 요인 김규식도 강계까지 흔들리는 트럭을 타고 추위 속에 가는 동안 건강이 극도로 악화되어 위독했다. 이후로도 한 달여 동안 이리저리 이동하며 끌려 다니다가 급기야 11월 하순 가까스로 만포 근처 군병원으로 옮겨졌다. 그러나 12월 10일 끝내 김규식은 일어나지 못하고 생을 마감했다. 조소앙은 통곡했다.

"이 사람아 이렇게 가면 어떻게 하나 여기가 어디라고 통일도 못 보고 눈을 감는단 말이오. 통일은 누구에게 맡기고 혼자만 떠났소."

납북인사들이 김규식을 만포 야산에 묻고 슬픔을 가누기도 전에 이번에는 조완구·오하영 등 두 원로에게도 병마가 찾아왔다. 이미 70이 넘은 노인들이 전쟁통에 사방으로 끌려 다니며 추위와 굶주림에 시달렸으니, 언제 무슨 일이 닥칠지 누구도 알 수 없었다. 11월부터 고열로 앓기 시작한 조완구에게 찾아든 것은 무서운 '제기열병'이었다. 몸에 심하게 열이 오르면 이를 견디다 못해 방문을 박차고 나가 눈밭에 눕는가 하면, 헛소리를 하고 고함을 질렀다. 그러다 갈증을 이기지 못하여 절대 금물인 물을 찾다가는 말리는 주위 사람들에게 욕설을 퍼붓기도 했다. 이들이 사경을 헤맬 때 엎친 데 덮친 격으로 윤기섭·원세훈에게도 병이 번졌다. 권태양·김용관 등의 요청으로 병원에 옮겨졌으나 위험했다.

그 상황에서 중공군이 뜻밖의 도움을 주었다. 부상병 입원실을 마련하러 다니던 중공군들이 중국말을 잘하는 노인들을 발견하고 궁금해했다. 마침 북한 당국자들도 없어서 터놓고 이야기를 나눌 수 있었다. 이들이 중국에서 항일운동을 한 원로들이란 사실을 알고 그들은 부대로 돌아가 상관에게 보고했다. 며칠 후 중공군 장교의 인솔하에 통역관·군의관·간호병이 와서 조완구 등을 진찰한 뒤 약을 처방해 주고, 돼지고지·밀가루·분유 등을 넉넉히 놓고 갔다. 중공군은 이들을 자신들의 병원에 입원시키고, 다른 일행에게도 밀가루·콩기름·고기와 일용품을 주었다. 병마에 시달리던 납북 인사들이 가까스로 기력을 되찾았다.

한편 중공군 참전으로 전세가 역전되면서 1951년 1월 4일 서울은 중공군과 인민군에게 점령되었다. 납북 요인들은 마음이 착잡했다. 그래도 혹 서울로 돌아갈 길이 열릴까 기대하고 북측에 귀환을 요구하기도 하고 단식투쟁도 했다. 그러나 아무런 소용이 없었다.

그들은 박헌영 등의 면담을 요구하며 "우리는 정치 포로가 아니다"고 주장했고, 9월 3일 박헌영이 나타나자 이렇게 항의했다.

"임정 요인을 중심으로 독자적인 정치집단으로 존중하며 정치적으로 대등하게 협상공존 하겠다던 언약이 그동안의 생활과정에서 의심케 했다."

이후 납북 인사들은 9월 초순 평양 교외 성문리로 옮겨와 20여 채 농가에 분산 배치되었다.

관계자들은 150여 평의 대지가 있는 집에서 남한의 신문·잡지, 중공의 신문·서적·잡지 그리고 『이조실록』을 비롯한 고전·고서들이 쌓여 있는 사랑채에서 고전과 고서의 정리와 번역에 투입되었다. 조완구를 비롯하여 오하영·조소앙·엄항섭·안재홍 등 임정 요인과 거물정치인들은 그런대로 특별대우를 받았다. 이중 조소앙·안재홍에게 명예원사, 조헌영에게는 명예한의학 박사를 주는 등 명예도 주고 회유책도 썼다. 이후 북한 당국에서는 이들에게 조국전선 가입을 종용하고, 성명서 발표, 대남방송 원고작성, 가족친지에게 편지쓰기 등을 은근히 유도했다. 대부분 묵살했으나, 일부는 북한 당국의 원고를 읽고 방송도 했다.

민족진영 대표와 김일성의 대면

1951년 1월 4일 서울을 북한군과 중공군에게 내어 준 한국군과 유엔군은 1월 25일부터 공세를 취해 2월 10일 인천과 김포를 탈환하고, 3월 중순에는 서울을 수복한 후 중공군을 38도선 이북으로 밀어붙였다. 이후 38도선을 중심으로 동부와 서부 전선에서 일진일퇴를 거듭하며 치열한 전투가 이어졌다.

이후 6월 23일 소련의 야코프 말리크 유엔대사가 휴전 토의를 제안하면서 유엔군과 중공군·북한군 사이에 휴전회담이 진행되었다. 9월 중순에는 이승엽·배철 등이 납북 요인들을 찾아와 휴전회담이 진행 중임을 설명한 뒤 미국이 참패했고, 휴전을 제안했다는 것, 이승만이 결사적으로 휴전을 반대하고 나라를 미국에 팔아 넘기려 하지만 조선인민은 이승만의 북진통일 야망을 분쇄하고 휴전을 꼭 실현할 것이라는 등 모순된 얘기를 하고 돌아갔다.

납북 요인들은 "우리가 몸은 비록 북에 있어도 중간세력의 입장에서 휴전운동을 전개하자"고 하여 이후 이승엽·홍명희·백남운·김원봉이 처소에 찾아오자 "남쪽도 북쪽도 전쟁을 중지하고 외세의 간섭을 배격하고 남북이 힘을 합쳐 자주적인 평화통일을 완성하자"고 주장했다. 이후 북한의 소련과 중공 대사관을 방문하여 각국 정부에 보내는 호소문과 편지를 전하고 협조요청을 했다. 전쟁 참상 지적과 함께 조속한 휴전 촉구가 핵심이었다.

이 호소문을 보내는 쪽은 전체 조선의 민족진영대표라 했다. 조완구는 한국독립당 대표로서 서명을 하고, 전국회 부의장 김약수, 민족자주연맹 대표 원세훈, 전민정장관 국민당 당수 안재홍, 사회당 당수 조소앙 등도 민족진영대표로 함께 서명했다. 조완구 등 5명은 1951년 11월 중순 소련대사관 구내 방공호에서 소련대사를 만나 유엔·미국·영국 정부에 보내는 서신을 전해 줄 것을 요청했고, 25일에는 개성에 도착하여 북한 측 대표단을 찾았다. 이후 30일 판문점 회담장으로 가서 미국 측 연락장교 키니 대령을 비공개로 만나 휴전운동의 취지를 전하고 대표단의 남한 방문과 안전보장을 요청했으나 무위로 끝났다.

그래도 이상의 움직임은 박헌영과 이승엽을 통해 이들의 요구가 반영되고 있었기 때문에 가능했다. 박헌영도 북한에서 정치적 기반을 구축하기 위해 남로당 출신의 애향심을 부추기며 "남한에서 피 흘리며 싸웠는데 북에 들어오니 푸대접한다"고 불평을 조성했다. "미군이 다시 쳐들어 오면 당과 정부를 전복하고 권력을 장악해야 한다"고도 했다. 그러자 1952년 12월 15일 노동당 중앙위원회 제5차전원회의가 열리면서 박헌영과 남로당계의 숙청이 시작되었다.

숙청의 선풍은 박헌영과 접촉했던 임정 요인과 납북 인사들에게도 영향을 미쳤다. 남로당의 죄상을 묻는 문서에 납북 인사들의 서명까지 요구했고, 조완구·조소앙·오하영·원세훈 등 끝까지 서명을 거부한 임정 요인들은 외출제한까지 받았다. 해가 바뀌어 1953년 7월 27일 강계 북쪽 오동리 마을, 임정 요인들은 그토록 기다리던 휴전소식을 들었다. 임정요인들은 휴전이 되고 평화가 왔으니, 서울로 돌아가 나라의 통일을 위해 활동할 수 있도록 귀환시켜 줄 것을 평양의 김일성을 찾아가 전하고자 했다. 그러나 김일성은 나타나지 않고 김두봉·홍명희·박금철이 와서 백두산 녹용과 개성인삼·영양제·주사약·보약 등을 놓고 갔다.

이후 임정 요인 앞에 김일성이 나타난 것은 1954년 6월 10일 노동당 중앙위원회였다. 김원봉·백남운·최용건·최창익·홍명희 등이 찾아와 인사를 나누었고, 김두봉이 찾아와 인사를 나눈 뒤 김일성과 만났다. 김일성은 "통일을 위해 솔직하고 유익한 자리를 만들자"며 "이승만의 북진통일 야망과 미국의 군사기지화 합작이 전쟁의 원인"이며, "미국의 원자탄 위협, 박헌영의 배신, 미군의 황해도 신천주민학살" 운운하며 독설을 퍼부었다. 이어 "조국의 평화적 통일과 국토의 완성을 위해 남북전체 인민들이 합심단결해서 조국과 민족을 외세에 팔아먹으려는 역도들을 반대하는 투쟁을 벌여야 한다"고 장광설을 폈다.

이때 조소앙·조완구·안재홍·엄항섭·최동오·박열 등이 '중립화통일방안'과 '서울로의 환향문제' 등을 거론했다. 그러나 김일성은 아무런 반응도 보이지 않았다. 장장 4시간에 걸쳐 밤 10시가 되어서야 끝난 김일성과의 회담결과는 서울로의 환향문제, 중립화문제 등에 대해서는 아무런 동의도 얻지 못하고 김일성의 장광설만 들은 것이 전부였다.

미완의 한국독립당 재건과 조완구의 운명

휴전협정이 체결되고 포성이 멎은 지 1년, 1954년 7월의 평양은 무더웠다. 그 사이 납북 인사들에 대한 북한 당국의 태도와 조치는 간교해지고 회유는 도를 더해 가고 있었다. 이런 추세라면 임시정부 요인들이

'제 설자리'를 찾아 통일을 위해 보람된 일을 한다는 것이 기대난망이었다. 이제는 결단을 내려야 했다. 어떻게 민족 앞에 부끄럽지 않게 생을 마감하느냐가 절실한 고민으로 다가왔다.

조소앙·안재홍·윤기섭·원세훈·오하영·최동오 등은 휴전협정 1주년 기념으로 며칠 전 북한 당국에서 가져와 마시고 남은 술병을 앞에 두고 가슴에 맺힌 울분을 토했다. 이야기가 나오던 김에 "우리가 무슨 죄인이냐, 인정도 눈물도 없는 공산주의자들아 좀 들어라!"고 성토도 했다.

이러는 사이 70대 중반의 노인 조완구는 기력이 쇠해져 병원에 입원하게 되었다. 조소앙 등은 이렇게 강조했다.

"칼을 물고 죽을지언정 정치 이용물로 전락할 수는 없다."

이제 더 이상 나빠질 것도 없었다. 차라리 죽는 것이 낫지 하는 생각이었다. 그래도 일말의 기대를 갖자고 윤기섭은 인공당의 김원봉, 신진당의 이용, 민중동맹의 이극로, 농민당의 이훈구, 사회당의 유해봉 등과 유대를 갖고 속히 한국독립당을 재건하자고 제안했다.

한편 북한 당국에서는 제네바회의의 파탄이 서방 측과 남한에 있다는 등등의 담화문을 발표할 것을 암암리에 종용했다. 1954년 10월 10일에는 노동당 창건일이라 하여 성찬을 차려와 요인들을 어리둥절하게 만들었다. 취기가 오르자 모두 울분을 토했다.

"우리를 언제까지 붙잡아 둘 작정이냐, 하루이틀도 아니고 이거야말로 감옥생활이 아니냐? 우리도 고향이 있고 처자식이 있으며 친지들이 있다. 이것은 국제법에도, 국제인권선언에도, 적십자 정신에도 위배되는 것 아닌가?"

설왕설래하면서 임정 요인들의 번민은 더해 갔다. 결국 조소앙이 하나의 안을 제시했다. 우리도 서울에서처럼 통일운동을 할 수 있도록 '제 설자리'를 찾아 한국독립당을 재건하자는 것이었다.

그러나 그것도 북측 관계자들과 격론과 줄다리기만 있었을 뿐 이루어진 것은 아무것도 없었다. 용성병원의 병상에 있던 조완구는 한국독립당을 재건하련다는 소식에 매우 기뻐했다. 당의 간판이 걸리는 것을 보고 죽으면 여한이 없겠다고 했다. 그러나 기대난망이었다. 추위가 다가 오던 10월 말, 원로들이 있던 방에 '조완구 선생이 위독하시다'는 급보가 전해졌다.

조소앙·안재홍·오하영·윤기섭·최동오 등이 즉각 병원으로 달려갔고, 처조카인 홍명희가 달려왔다. 생의 마지막 갈림길에서 조완구는 가쁜 숨을 몰아쉬며 고통스러워했다. 야윈 볼에 앙상한 팔과 다리, 조완구는 의식을 잃어 가고 있었다. 달려 온 이들은 조완구의 손발을 부둥켜안고 이대로 가시면 안 된다고 울부짖었다.

조완구는 눈을 감은 채 있는 힘을 모아 가느다란 목소리로 말했다.

"소앙, 일파(엄항섭), 춘곡(원세훈), 민세(안재홍)…… 나는 가네. 당의 간판을 못 보고 가서 한이네. 통일, 통일, 먼저 가네. 먼저 가……."

그러고는 숨이 멎었다.

그에 앞서 그는 상해 임시정부 시절 그를 따랐던 안우생을 불러 앉히고 눈물을 흘리며 이렇게 말했다고 한다.

우생이, 과거가 왜 이렇게 허무하게 생각되지? 지난 40여 년 동안 한 일들이 말이지. 누가 시켜서 한 일도 아니고 또 누구의 칭찬이나 찬사를 받기 위해서 한 일도 아니고, 오직 우리 자신이 자신의 결심에 따라 떨쳐나서 이국만리 대륙의 도시와 촌락을 헤매고 다니며 오직 나라의 독립과 민족이 행복을 찾겠다고 싸운 것인데 …… , 그것이 오늘은 왜 이렇게 허무하게 생각되는지 모르겠네. 결실을 보지 못하고 가야 하니 그럴까? 남북으로 갈라져 서로 싸우고 있는 오늘을 보면서 과거를 생각하니 그럴까? 오늘의 이런 현실을 보며 죽자고 40여 년을 싸웠는가 하고 생각하니 정말 허무하고, 마음 아프기만 하고, 서글프기만 하오.

1954년 10월 27일 오후 8시 용성의 군 11호 중앙병원 특별병동 3호특실에서 우천 조완구는 그렇게 세상을 떠났다.

대종교의 타격과 납북 인사들의 비극

참으로 기구한 한반도의 운명이었다. 일제하 36년간의 식민통치를 거쳐 겨우 민족의 해방을 맞았는데 불과 5년 만에 이민족도 아닌 동족의 잘못된 판단으로 남북한 모두가 참극을 겪어야 했다. 남북한의 이념을 떠나 더 중요한 것은 민족분단을 막는 것이라고 절규했던 조완구 등 임시정부 요인들의 심정은 더없이 참담했다. 이런 현실을 보자고 이제까지 살아남아야 했다는 말인가? 조완구 등의 입장에서는 이승만의 대한민국정부에 일부 섭섭한 점이 있었을 것이지만, 그렇다고 북한의 김일성을 지지하거나 호의를 가졌던 것도 아니다.

그들이 택한 것은 자유민주주의 국가 대한민국이었다. 그들은 민족주의 우파 인사들이었다. 독립운동 과정에서도 공산주의자들 때문에 골머리를 앓았던 경험이 있다. 그러나 그들에게는 반쪽의 민족보다는 남북한 양쪽의 민족이 우선이었다. 단일정부를 구성하기 위해 인내를 가지고 북한과도 대화를 하자는 생각이었다. 두 개의 정부가 수립된다면 조만간 전쟁이 야기될지 모른다고 우려했다. 북한을 방문한 인사들에게 김일성이 시위하듯 보여 준 북한군의 군사 퍼레이드는 그런 불안감을 가중시켰다.

한편 대종교 측은 6·25전쟁의 발발로 결정적 타격을 입었다. 많은 인사들이 납북되었고, 일부는 월북했다. 이후 남북관계가 경직되어 가면서 단군을 구심점으로 통일을 추구하던 그들의 입지는 남한에서 협소해져 갔고, 북한에서는 존재조차 부정되었다. 납북된 인사들은 말할 것도 없고, 북한체제에 기대를 갖고 월북한 대종교 인사들의 기대도 북한에서 전혀 수용되지 않았다. 민족을 우선하여 이념과 사상의 장벽을 넘자고 한 것이 오히려 족쇄가 되었고, 그들 스스로 북한체제의 볼모가 되도록 만들었다. 이후 북한의 무력통일 기도가 거듭되는 가운데 대한민국에 남아 있는 가족에게는 피랍자 심지어는 월북자의 가족으로 오해되는 이중의 고통을 안겨 주었다.

대종교 인사 중 김두봉·김원봉 등은 '좌파노선'을 걸었다. 그들은 해방 이후 북한의 김일성 정권 수립에 참여했고, 그 결과 6·25전쟁에 동참한 셈이었다. 이른바 '민족해방전쟁'이란 이름 아래 김일성 중심의 공산주의 독재체제 굳히기에 일조한 6·25전쟁에 그들이 어떠한 생각을 가졌고, 어떠한 입장이었는지는 정확히 알 수 없다. 분명한 것은 6·25 전쟁 이후로도 한동안 정치적 영향력을 가지며 김일성의 강력한 경쟁자로 부상했던 김두봉이나 김원봉 모두 이승엽·박헌영처럼 미제의 간첩 혹은 종파주의자로 몰려 무자비하게 숙청되었다는 점이다. 고위 인물 중에는 『임꺽정』의 저자로 작가 색채가 짙은 홍명희만 겨우 살아남았다.

이야기를 끝내며 21

우천 조완구는 다른 임시정부 요인에 비해 알려진 것이 별로 없다. 소중히 간직해 왔던 자료의 유실도 어려움을 가중시켰다. 따님인 고 조규은 여사는 해방 후 한미장에 머물던 부친으로부터 소중한 것이라면서 임시정부 관련 서류가 든 가방 하나를 건네받아 보관했다. 임정 관련 중요서류와 일기, 가족관계 서신, 40년간의 해외활동 기록 등이 담겨 있는 것이었다. 고달픈 일상 속에 그녀는 내용물을 자세히 살펴보지도 못한 채 종로구 필동3가에 위치한 집에 보관해 두었는데, 어느 날 통째로 사라졌다. 자물쇠까지 딸려 있는 가방이었다. 조 여사는 그 내용물이 돌아오기를 손꼽아 기다렸으나 종내 무소식이었다.

1989년 3월 1일, 대한민국 정부는 조완구에게 건국훈장 대통령장을 수여했다. 함께 서훈받은 요인들은 김규식·조소앙(이상 대한민국장), 유동렬·오하영·윤기섭·김붕준·안재홍·박열(이상 대통령장)·명제세·원세훈·최동오·정인보·엄항섭(이상 독립장)·정광호(애국장) 등 15인이다. 모두 6·25전쟁 당시 납북된 인사들이다. 이를 전후로 탈북 망명자의 증언, 관련 인물의 연구, 임시정부 관련 자료집 발간 등이 있었다. 필자는 아쉬운 대로 이들을 토대로 조완구의 생애를 간명히 정리하려 했다. 그러나 밖으로 드러나기보다는 임시정부를 안에서 지탱해 간 구절양장九折羊腸의 다난한 생애를 밖으로 드러내 정리하기란 무리였다. 향후 넉넉한 자료와 여건 속에 조완구의 생애가 더 깊이 조명되기를 고대하며 글을 맺고자 한다.

일본의 식민통치로부터 한국이 광복을 맞이한 지 꼭 1년이 되던 1946년 8월 15일, 경복궁 안의 옛 조선총독부 건물, 그러니까 지금은 사라진 중앙청 옛 건물에서는 국내외 요인들이 자리한 가운데 성대한 축하행사가 벌어졌다. 8·15광복 1주년 기념행사였다. 단상의 중앙에 이승만·김구·김규식·이시영 등이 자리하고 있었고, 바로 뒷열에 단발머리에 양복을 한 깡마르고 눈이 예리한 키 작은 노인이 있었다. 그가 바로 이 글의 주인공이자 상해 등 중국 각지에서 독립운동을 할 당시 '단별신사'로 널리 알려졌던 '작은 거인' 조완구이다.

그는 조선왕조 말에 풍양 조씨 명문가의 후손으로 태어나 대한제국기에 관료를 지냈다. 그러나 관료라기보다는 학자에 가까웠다. 그는 대한제국기에 김택영·김교헌·장지연 등과 함께 한민족 5천년 역사·문화·제도의 골격이 담겨 있는 『증보문헌비고』 편찬에 참여했다. '을사늑약' 이후로는 관직을 떠나 각종 사회교육단체에서 활동했다. 대한협회·기호흥학회·대동교 등이 그것이다. 국권상실 이후에는 만주로 망명하여 대종교를 중심으로 나철·이상설 등과 활동했고, 1919년에는 상해로 이동하여 이동녕·이시영·조소앙 등과 대한민국임시정부 수립에 참여했다.

이후 27년간 임시정부의 내정內政을 운영해 왔다. 그의 평생 신앙은 대종교, 업무는 독립운동, 소속은 임정, 목표는 광복 그리고 통일이었다.

조완구에게는 두 가지 별명이 따라다녔다. 하나는 '단벌신사'였고, 다른 하나는 '기틀판틀'이다. 전자는 가족을 떠나 홀로 해외에서 독립운동을 하는 과정에 붙여졌고, 후자는 독립운동 당시와 광복 이후 국내외 인사들로부터 붙여졌다. 그는 대의명분과 법규에 고집스럽도록 충실하였다. 김구·이시영 등 우파인사들이 좌파나 사회주의 계열 인사의 공세로 골머리를 앓았다면, 좌파나 사회주의 계열 인사들은 조완구라는 장벽에 막혀 골머리를 앓았다. 그러나 바로 그런 고집 때문에 여러 번 해체의 위기를 맞았던 임시정부는 가까스로 명맥을 유지하여 광복을 맞을 수 있었다. 그의 존재가 없었다면 대한민국임시정부는 광복 이전에 이미 사라졌을 것이고, 현재의 대한민국 헌법 전문에도 등장하지 못했을 것이다. 과연 대한민국임시정부가 사라진 한국의 독립운동을 상상할 수 있을까.

그런 조완구에게 독립운동의 대가는 참혹했다. 8·15광복을 맞아 30여 년 만에 귀국하여 상봉한 가족은 두 딸뿐이었다. 아내 홍정식은 그가 떠난 뒤 홀로 어린 자매를 기르며 남편을 기다렸다. 아내는 한때 만주를 찾아가 천신만고 끝에 남편을 만났지만, 한 달여 뒤 남편은 동지들과 상해로 떠났다. 얼마 후 모친이 세상을 떠나고 아내가 의지했던 외아들 남규는 심부름을 나갔다가 마적의 소행인지 종내 돌아오지 못했다. 생때같은 아들을 잃고 아내는 삯바느질로 두 딸을 뒷바라지했고, 국내에 돌아와서도 그 일을 계속했다. 그 아내가 해방 6개월 전 끝내 남편을 보지 못하고 눈을 감았다. 참으로 조완구는 불효한 아들, 무정한 남편, 무책

대종교 총본사 환국기념(1946년 6월 16일)

임한 아버지였다.

가족을 떠나 홀로 30여 년을 보낸 조완구의 삶도 고단하기는 마찬가지였다. 1914년 만주로 블라디보스토크로, 1919년 임시정부를 따라 상해로, 이후 항주~중경으로 옮겨 다녀야 했다. 그는 민영환·홍범식·나철·이상설·신규식·박은식·이동녕·김구·김규식 등의 임종을 현장에서 혹은 가까운 위치에서 접했고, 죽을 고비도 수없이 넘겼다.

그는 왜 그런 길을 갔는가? 명문가 후손으로, 정부 관료 출신으로, 백성의 한 사람으로 소명의식 때문이었을까? 귀국 이후로도 그는 대종교 활동을 하며 민족의 통일을 위해 남북협상을 추구했다.

그러나 조완구와 남북협상을 추구하던 임시정부 요인의 꿈과 이상은 분단과 두 개 정부의 등장, 김일성의 6·25전쟁과 납북으로 인해 현실에서는 펼쳐지지 못했다. 조완구 등은 끝내 '제 설자리'를 찾지 못한 민족독립운동가이자 대종교인이었다.

서울 홍은동의 언덕 위에 자리한 대종교 총본사에는 조완구와 무애종사 윤세복·박찬익 등 주요 인사가 광복 직후 함께 찍은 사진이 소중히 보관되어 있다. 엄혹한 시대에 단군을 중심으로 조국의 광복을 갈구하며 평생을 독립운동에 바쳐 온 이들의 진영이다. 이 한 장의 사진이 전해 주는 상상은 소중하고 깊고 유장하다. 단군 이래 가장 격동이 심했던 지난 세기에 역사의 격랑에 몸을 던졌던 그들, 미래 한국의 통일과 힘찬 번영을 기원하며 오늘의 서울을 지켜보는 듯하다.

조완구의 삶과 자취

1881. 3. 20	서울 계동에서 출생
1895	풍산 홍승목씨 장녀 정식과 결혼
1899. 12. 20	효릉참봉
1902. 3	'한성법학전수학교' 졸업
1902. 8. 29	내부주사
1902. 9. 18	산릉도감 감조관
1905. 12	을사늑에 반발하여 내부주사 사임 『증보문헌비교』 간행 사업 참여
1906~1908	양구군수직 거절
1909. 3. 1	송병준 비판 연설
1909. 3. 13	대한협회·기호흥학회 평의원 임명
1909. 6. 29	대한협회에서 민법에 대한 강연 및 글
1909~1910	대종교에 입교. 청년교화 민족의식 고취, 대종교 시교사 겸 규칙기초위원
1911. 1. 15	대종교 참교로 임명
1911. 6. 24	지교로 승임
1914~1917	북간도 망명. 용정 등지에서 대종교 중심 교육사업 독립운동단체 결성. 이상설의 대한광복군정부 수립 서일의 북로군정서(대한군정부) 설치 참여
1916	대종교 총본사 부전리, 홍암대종사 유해봉장

1917	블라디보스토크로 망명. 전로한족중앙회 결성
1917. 3. 2	이상설 장례 봉행. 이상설 전기 집필
1917. 12	『청구신보』 개칭 『한족공보』 발간. 박은식·윤해·남공선과 주필 취임
1918. 12	무오독립선언서 기초위원으로 선언서 작성. 39인 서명에는 빠짐
1919. 2	니콜리스크에서 대한국민의회 정부로 개칭. 이동녕·여운형과 임시정부 설립 논의
1919. 3. 17	노령에서 독립만세운동 참여. 『이상설전』 기술
1919. 3	3·1운동 후 이동녕·조성환 등과 상해 대한민국임시정부 수립
	임시의정원 의원으로 활동. 전원위원회 위원장 법기초특별위원회 위원장
1919. 4. 10	국제연맹 제출안건 특별위원회 위원장. 의정원 참여
1919. 4. 11	임시의정원 1차회의(선서문 및 정강제정의원)
1919. 4. 13	대한민국임시정부 선포식
1919. 4. 17	대한민국임시정부 현판식 참여
1919. 4. 22	2차 임시의정원 회의. 집단지도체제 채택
1919. 4. 25	제3차 의정원 회의에 참여. 각 지역별 의원 선임
1919. 5. 12	시정방침 연설. 교통부·연통제 논의. 김규식파리강화회의 독립청원서 제출
	사료편찬사업계획 발표
1919. 5	안동에 교통부 안동지부 설치
1919. 6. 20	임시지방교통사무국 장정을 기초 공포
1919. 6	상해 인성학교 후원회장에 취임

1919. 7. 8	임시의정원 의회, 정원위원회 상임위원회 특별 위원회 인선
1919. 7. 10	연통제 실시 실천에 옮기는 사업에 주무를 담당 임시의정원 연통제 공포 실시에 주동적 역할
1919. 7. 11	의정원 5회 회의에서 상해 임시의정원과 노령 국민회의와 합병 주도
1919. 7	연통제 사업 주무. 5차 의정원회의. 상해 임정과 노령 국민회의 합병 주도
1919. 9. 10	임시의정원 특별위원으로 피선
1919. 10. 13	상해 프랑스조계에서 조직된 애국부인회 지원
1919. 12	정의단군정부 임정 산하 편입, 북로군정서(서일 총재)로 개칭 조치
1920. 1. 9	상해 대한거류민단 설립하고 여운형·선우혁 등과 운영
1920. 1	노령 니콜리스크에 임정 군무부 지부(강양옥) 설치
1920. 2	광복군 편성 참여. 이시영·이동녕·이광·조성환·김규식 등과 북경으로 가서 이회영 설득
1920. 10. 21	북로군정서의 청산리전투 지원. 만주에 임정 북부 총판부 설치 주도
1920. 10	만주 왕청·훈춘·동령·영안·목릉 등에 임시정부 북부 총판부를 설치 주도
1920. 12. 28	이승만 대통령 환영회 참여. 박찬익과 첫 공식 모임
1921. 초	이승만·신규식·박찬익 등과 의형제 맺음
1921. 1. 25	이동녕 국무총리에 임명
1921. 1. 27	서로군정서·북로군정서·대한독립군 등 대한독립군단 개편

1921. 2	안창호 국민대표자대회 소집 요청
1921. 3	윤기섭 등과 협성회 조직. 임정 유지 선언문 공표
1921. 3. 12	한국인민단 사무실에서 연설. 박찬익 등과 임정후원회
1921. 5	임정 내무차장 피임
1922. 2. 7	호법정부와 외교 지속 위해 광동외무국(국장 박찬익) 설치 협력
1922. 6. 9	차리석, 이승만 임시대통령 및 국무위원 불신임안 제출
1922. 7	안창호가 조직한 시사책진회에 협력
1922. 9. 3	대종교서이도본사 선리부령 임명
1922. 9. 11	한국동포연합회 조직 후원
1922. 10. 1	한국노병회 조직 참여
1923. 1. 3	국민대표회(의장 김동삼) 개최. 임정 내분 수습을 위해 상해 국민대표회의(의장 김동삼) 참가
1923. 5. 20	임시의정원 상설기관 정책연구위원회 설치 참여
1923. 10. 23	임시정부 기관지『독립신문』에 조사부를 설치. 독립운동 지도의 경력조사 효율적인 독립운동의 기초에 도움이 되도록 지원
1924. 3. 10	만주에 김좌진·김혁 등이 독립군을 규합하고 북로군정서의 정신을 계승한 신민부를 지원
1924. 5	임정 노동총판 취임
1925. 1. 13	임정 국무원 박은식 취임. 대종교 사교가대형司教加大兄호 받음
1925. 11. 1	박은식 서거에 조문
1926. 6. 12	임시헌법 2차 개헌
1926. 9. 27	임정 국무령 홍진, 시정방침 발표

1927. 1. 19	대한민국임시정부 직제를 개정 노농위원제 채택에 따라 집행위원장 김구 등과 참여
1927. 8	임정 약헌 발효
1927. 11. 24	조성환·진덕삼 등 임정 여당으로 한국유일독립당촉성회 연합회 참여
1928. 12. 10	코민테른 12월 테제. 상해 촉성회 해체 선언
1929. 8. 9	김구 상해교민단장에 취임. 독립운동 가족들의 생활을 지원
1930. 5	대한교민단, 공산주의자에 대항 위해 의경대 조직
1930. 1. 25	한국독립당 결성 발기인으로 참여
1930. 7. 26	한국독립당과 한국독립군 창설 참여
1931. 3	한중항일대동맹 조직에 참여
1931. 10. 4	중국 국민당정부에 연명으로 독립운동자를 보호해줄 것을 요청
1931. 12. 3	상해 한인반제동맹 창립 참여
1931.12. 28	재외 대한교민단 규칙을 개정·공포하고 김구 등과 한인애국단 조직
1932. 1. 8	한인애국단원 이봉창 의거.
1932. 4. 1	한인애국단원 최흥식·유상근·이성원·이성발을 대련에 파견 국제연명조사단 파견을 계기로 일본 고관 폭살을 시도
1932. 4. 29	윤봉길 의거로 피신
1932. 5	항주사건 중재
1932. 12. 22	국무위원 전원의 국민선포문 발표
1933. 1. 15	재호한국독립당대회 참여

1933. 5	낙양 군관학교에 한인특별반 설치 합의
1934. 1. 20	임시정부 국무위원회의에 참석
1934. 3. 1	송병조 등과 한국대일전선통일동맹 결성 반대
1934. 6. 29	한독당 재무장 임명
1934. 8	임시정부 중국 중앙육군군관학교 제10기 제총대에 한국청년 25명 입학을 지원
1934. 9. 17	한국독립당 중국 항주에서 최린(33인의 일원)성토문 인쇄 배포하여 친일분자 응징의 교훈으로 삼음
1935. 2	남경 성내 동관두 23호에 학생훈련소 설치 계획에 참여
1935. 2. 15~17	제7차 당대회에서 임정 존폐에 대한 입장 표명
1935. 5. 19	임시의정원 제공 경고문 발표
1935. 5. 25~27	대동단결체조직방침안에 대하여 신당 참가와 임정 해체에 반대 의견 발표
1935. 7. 5	이시영·차리석 등과 민족혁명당 결성 참여 반대
1935. 10. 19~11. 2	28회 의정원회에서 내무장으로 피임
1935. 11. 2	항주에서 임시정부 국무위원으로 선출
1935. 11. 3	책임국무원위원 중 학무장으로 피임
1935. 11	임시정부 가흥으로 옮김
1935. 11	이동녕·이시영·김구·조성환·송병조·엄항섭·김봉준·양우조 등과 한국국민당을 조직하고 선언문, 당의 당강 발표(단일당 결성에는 반대)
1935. 11 하순	한국국민당 이사 겸 비서로 임명
1937. 봄	임시정부 진강으로 이전
1937. 7. 15	임시정부, 군사위원회 설치 위원을 임명
1937. 7	한국독립당·조선혁명당·한국국민당·미주 대한독립

	당·동지회·국민회·부인애국단 연합으로 한국광복전선 조직
1937. 8. 1	한국광복운동단체연합회 결성 선언
1937. 11. 23	임시정부 진강에서 장사로 이전
1937. 11	임시정부, 의정원 회의 초급 장교의 단기양성·특무대 편성·특무공작·군사계획시설 등 실시 결정
1938. 5. 6	남목청사건 발생
1938. 7	임시정부 장사에서 광동으로 이전
1938. 10. 16	임시정부 유주로 이전
1938. 11. 6	한국국민당 선언문 발표
1939. 1	한국광복전선 청년공작대 유주에서 조직
1939. 3. 10	임시정부 기강으로 이전
1939. 10. 18	임시정부 선전위원회 규정 공포 및 설치
1939. 11	3당(국민,한독,조혁)통합 실현 촉구
1940. 5. 8	조소앙·지청천·송병조 등과 통합 한국독립당 위원으로 피선
1940. 9. 15	한국광복군 선언문 공포
1940. 9. 17	임시정부 광복군을 국군으로 개편 중경에서 성립 한독당 대표로 축사
1940. 9	임시정부 중경으로 이전 광복될 때까지 집무
1940. 10	임시의정원 정기 총회에서 다시 국무위원으로 선임 내무부장 겸임
1940. 11	한국광복군 총사령부 서안으로 이전
1940. 12	광복군 제 1,2,3지대 구성. 임시정부 선전위원회 구성
1941. 3. 1	광복군 제3징모처를 발족

1941. 5. 15	고국내외 동지 동포서 발표
1941. 6	한중문화협회 중경에서 발족에 참여
1941. 10. 3	중국 외교총장과 정부승인 문제 회담
1941. 11. 19	임시정부 중국측 한국광복군 9개항 행동준측 승인
1941. 11. 25	임시정부 국무회의 광복군 공양선서 통과
1941. 11. 28	임시정부 대한민국 건국강령을 발표. 임시정부 정치이념과 독립전쟁 준비태세 천명
1941. 12. 9	임시정부 대일 선전포고
1941. 12	임시정부, 대내외 포고문 발표
1942. 1. 25	임시정부, 고국내외동포서 발표
1942. 3. 1	임시정부 중국·미국·영국·소련에 대하여 대한민국임시정부 승인을 요구
1942. 4. 20	외교위원회를 설치
1942. 5. 13	광복군 부사령관제를 실시
1942. 5. 18	김원봉의 조선의용대를 광복군 제1지대로 편입
1942. 6. 29	국무회의 국기통일 양식 공포
1942. 8. 4	임시의정원 선거규정 공포
1942. 10. 11	한중문화협회 결성에 참여
1942. 10	「한국독립당에 대한 요망」을 『한민』에 발표
1943. 5	임정요인 5인암살계획사건을 사전에 탐지하여 저지
1943. 11	카이로 회담
1944. 4. 22	국무위원에 재신임. 재무부장 겸임
1944. 10. 3	임시정부 국무위원회, 국내공작위원회 설치 결의
1945. 1. 22	임시정부 직원 복무 규정 공포
1945. 2	얄타회담

1945. 4. 4	중국과 새군사 협정 체결(독자적 군사 행동권을 획득)
1945. 7	포츠담회담. 한국광복군 정전 총지휘부 설치
1945. 8. 7	김구와 서안의 광복군 훈련 한미합동작전 참관
1945. 8. 11	서안에서 미국의 다노베 장군과 김구 주석을 모시고 한미군사협정 체결
1945. 8. 17	임시의정원 39회 회의에서 환국 결의
1945. 9. 3	임시정부 당면 정책 발표
1945. 12. 5	중경 출발 상해를 거쳐 2차로 환국
1945. 12. 19	대한민국임시정부 개선 환영대회에 참석
1946. 1	풍양 조씨 화수회 초대 회장에 피선
1946	비상국민회 상임위원회, 재정위원장 최고정부위원에 선출. 민주의원 당선. 입법의원(관선의원)지명 거부
1948. 4	남북협상 대표 – 남한우익 대표 8인중 – 주석단의 일원
1948. 8~1950. 5	홍익대학 명예학장으로 추대(학장 정열모)
1949. 6	백범 김구 서거 후 한국독립당 위원장에 피임
1950. 5	대종교 남2, 3도 전교를 겸임. 도형道兄 칭호를 받음
1950. 9. 18	6·25전쟁 중 납북
1954. 10. 27	오후 8시 북한 용성의 군 11호 중앙병원 병동에서 74세를 일기로 서거
1989. 3. 31	건국훈장 대통령장에 추서
1991. 10. 27	대전애국지사숭모회(명예회장 이인구, 회장 이규희) 주최로 37주기 추모제전 거행
1991. 11. 21	"남북독립유공 민족지도자 15위 추모제전" 거행. 동작동 국립묘지 애국지사묘역 무후선열제단 안에 위패 봉안(1단 5호)

참고문헌

자료

- 『대한매일신보』, 『황성신문』, 『만세보』, 『독립신문』, 『동아일보』, 『조선일보』, 『자유신문』, 『해방일보』.
- 국사편찬위원회, 『대한민국임시정부사 자료집』 8~13, 2008.
- 국사편찬위원회, 『민충정공유고』, 대기당인쇄소, 1958.
- 대종교총본사, 『대종교 중광60년사』, 1973.
- 독립운동사편찬위원회, 『독립운동사자료집』 2·3, 1973.
- 송상도, 『騎驢隨筆』, 국사편찬위원회, 1955.
- 심산기념사업준비위원회, 『躄翁一代記』, 태을출판사, 1965.
- 심훈, 「단재와 우당장」, 『동아일보』 1936년 3월 13일자.
- 유영익·송병기 외, 『이승만 동문서한집』, 연세대출판부, 2009.
- 在上海日本總領事館, 『朝鮮民族運動年鑑』, 東文社書店, 1946.
- 정교, 『대한계년사』, 국사편찬위원회, 1957.
- 조선총독부 경북경찰부, 『고등경찰요사』, 1934.
- 中央研究院, 『國民黨政府與韓國獨立運動史料』, 1990.

저서

- 국가보훈처, 『대한민국독립유공인물록』, 1992.
- 국가보훈처, 『독립유공자공훈록』 5, 1988.
- 김방, 『이동휘연구』, 국학자료원, 1999.
- 김영상, 『서울 육백년』 3, 대학당, 1996.
- 김준엽 편, 『석린 민필호전』, 나남출판, 1995.

- 김희곤, 『중국 관내 한국독립운동단체연구』, 지식산업사, 1995.
- 남파 박찬익전기간행위원회, 『남파 박찬익전기』, 을유문화사, 1989.
- 독립운동사편찬위원회, 『독립운동사』 4·6, 1972·1976.
- 로버트 올리버 지음, 황정일 옮김, 『신화에 가린 인물 이승만』, 건국대출판부, 2002.
- 박걸순, 『이종일』, 한국독립운동사연구소, 1997.
- 박영준, 『한강물 다시 흐르고』, 한국독립유공자협회, 2005.
- 박환, 『만주지역 항일독립운동 답사기』, 국학자료원, 2001.
- 반병률, 『성재 이동휘 일대기』, 범우사, 1998.
- 産肅 編, 『北京市街巷名稱錄』, 1986.
- 신경완 증언(이태호 지음), 『압록강변의 겨울－남북 요인들의 삶과 통일의 한』, 다섯수레, 1991.
- 신용하, 『독립협회연구』, 일조각, 1979.
- 王彬·徐秀珊 主編, 『北京地名典』, 中國文籍出版社, 2001.
- 윤병석, 『증보 이상설전－해아특사 이상설의 독립운동론』, 일조각, 1998.
- 윤병석, 『한국독립운동의 해외사적 탐방기』, 지식산업사, 1994.
- 윤병석 외, 『헤이그특사와 한국독립운동』, 도서출판 새미, 2007.
- 이규창, 『운명의 여신』, 보연각, 1992.
- 이동언, 『독립운동 자금의 젖줄 안희제』, 한국독립운동사연구소, 2010.
- 이명화, 『중국에서의 안창호의 독립운동연구』, 홍익대박사학위논문, 2000.
- 이민원, 『한국의 황제』, 대원사, 2002.
- 이은숙, 『가슴에 품은 뜻 하늘에 사무쳐』, 인물연구소, 1981.
- 이정규·이관직, 『우당 이회영 약전』, 을유문화사, 1985.
- 이정식, 『김규식의 생애』, 신구문화사, 1974.
- 이현주, 『한국사회주의 세력의 형성 : 1919~1923』, 일조각, 2003.
- 장석흥, 『차리석 평전』, 역사공간, 2005.
- 정정화, 『장강일기』, 학민사, 1998.

- 정진석 외, 『윤봉길과 상해의거』, 매헌윤봉길의사기념사업회 매헌연구원, 2011.
- 조규은, 『고독한 승리』, 한민출판사, 1993.
- 차옥승, 『천도교 대종교 – 한국인의 종교경험』, 서광사, 2000.
- 최문형, 『러시아의 남하와 일본의 한국침략』, 지식산업사, 2007.
- 최문형, 『한국을 둘러싼 제국주의 열강의 각축』, 지식산업사, 2001.
- 추헌수, 『대한민국임시정부사』, 한국독립운동사연구소, 1989.
- 한상도, 『한국독립운동과 중국군관학교』, 문학과 지성사, 1994.
- 한시준, 『한국광복군연구』, 일조각, 1993.
- 허은 구술(변창애 기록), 『아직도 내 귀엔 서간도 바람소리가』, 정우사, 1995.
- 호춘혜, 『중국안의 한국독립운동』, 단국대출판부, 1978.

논문

- 김성숙, 「오호! 임정 30년 만에 해산하다」, 『월간중앙』 8월호, 1968.
- 김재명, 「조완구선생의 북망산천」, 『정경문화』 3월호, 1986.
- 손과지, 「한인의 상해망명과 초기 한인사회의 형성」, 『한국근현대사연구』 7, 한국근현대사연구회, 1997.
- 신용하, 「백범 김구의 일제 침략전쟁에 대한 독립운동 전략, 특공작전과 외교」, 『백범과 민족운동연구』 5, 백범학술원, 2007.
- 최기영, 「한말 법관양성소의 운영과 교육」, 『한국근현대사연구』 16, 2001.
- 최혜경, 「우천 조완구의 민족의식과 대종교의 구국활동」, 『경주사학』 18, 동국대 경주사학회, 1999.
- 최혜경, 「애국계몽기 우천 조완구와 대동교 운동」, 『경주사학』 19, 2000.
- 최혜경, 「대한민국임시의정원의 성립과 조완구의 의정활동」, 『경주사학』 20, 2001.
- 최혜경, 「광복 후 우천 조완구의 활동」, 『경주사학』 22, 2002.
- 최혜경, 「우천 조완구와 민족독립운동」, 『경주사학』 24·25, 2006.

찾아보기

ㅅ

ㅇ

ㅈ

ㅊ

ㅋ

ㅌ

ㅍ

ㅎ

대종교와 대한민국임시정부 조완구

1판 1쇄 인쇄 2012년 3월 20일
1판 1쇄 발행 2012년 3월 26일

글쓴이 이민원
기획 독립기념관 한국독립운동사연구소
펴낸이 김능진
펴낸곳 역사공간
서울시 마포구 서교동 463-31 플러스빌딩 5층
전화 : 02-725-8806~7, 팩스 : 02-725-8801
등록 2003년 7월 22일 제6-510호
ISBN 978-89-90848-97-0 03900

*잘못된 책은 바꿔 드립니다.
가격 10,000원